UNSERE LEEREN HERZEN

Thomas Hettche

UNSERE LEEREN HERZEN

Über Literatur

Kiepenheuer & Witsch

VEXIERBILD

Etwas erzählen? Aber ich weiß nichts. So beginnt die Erzählung *Das Eisenbahnunglück*, in der Thomas Mann einen Schriftsteller von einem wenig spektakulären Unfall berichten läßt, der ihm auf der Fahrt mit dem Schlafwagen 1. Klasse von München nach Dresden zustößt. Im Jahr 2015, als ganz im Osten, am Rande Europas, plötzlich um dessen Grenze gekämpft wurde und ganz im Westen, in Paris, der Terror alles erschütterte, war ich selbst monatelang mit dem Zug unterwegs von Lesung zu Lesung, und eines Tages kam mir dabei jene Geschichte wieder in den Sinn. Bei einem Zwischenstopp zu Hause zog ich ungeduldig den Band mit Thomas Manns Erzählungen aus dem Regal, um irritiert feststellen zu müssen, daß die Geschichte, an die ich mich zu erinnern geglaubt hatte, offenkundig nicht *Das Eisenbahnunglück* war.

Wieder unterwegs, verfolgte ich die Nachrichten auf dem Smartphone, das ich nicht aus den Händen ließ, und starrte hinaus in das vorüberziehende Land. Tatsächlich erinnerte ich mich an wenig mehr als an den Eindruck einer bestimmten Atmosphäre der Furcht und daß es eine Eisenbahngeschichte gewesen war, eine Geschichte, die mit diesen Schienen zu tun hatte, auf denen ich jetzt fuhr und die einst aus topographischen Zufälligkeiten das Land geformt, die Kirchenuhren harmonisiert und alle Orte zu Punkten im Gewebe einer standardisierten Zeit und eines einheitlichen Raums gemacht hatten. So trostlos die heute verfallene Infrastruktur, die man nun als Reisender schier endlos passiert, all die überwucherten Gleise, die zerfallenen Stellwerke, die verrammelten Bahnhöfe, deren immer triumphale Backsteinarchitektur noch jetzt, da der Wind durch sie hindurchpfeift, an Stationsvorsteher in Uniform, an Wartesäle, Warenlager und all die Vorposten des Staates denken läßt. Phantombilder nie gewesener Vergangenheit, die einen unweigerlich begleiten, wenn man aus den unwirtlichen, von Vandalismus gezeichneten Überresten der Provinzbahnhöfe hinaustritt. Und deutlicher noch spürt man den Verlust jener Vergangenheit, seit der Terror eine geschärfte Aufmerksamkeit für den Augenblick zu verlangen scheint. Der Terror ist eine Frage, geeignet, uns in Frage zu stellen. Seine Gewalt wird verstärkt durch unsere Schwäche, deren Anzeichen die Verwahrlosung ist.

In einer der Städte meiner Lesereise, es war Minden in Westfalen, besuchte ich vor der abendlichen Lesung noch den Dom, den es dort gibt. Es war ein sonniger Februartag. Ich stand in dem menschenleeren hohen Kirchenschiff des ottonischen Baus und ließ die Proportionen auf mich wirken, betrachtete die Fenster, die Renaissance-Epitaphe an den Wänden, und ging schließlich vor zum Altar, um das Kruzifix anzusehen, das darüber schwebt. Doch als ich zu dem Kreuz hinaufspähte, verstand ich mit einem Mal, daß es sich bei meinem kunsthistorisch-genießerischen Blick, der ganz darauf aus war, sich überwältigen zu lassen, tatsächlich nur um die säkulare Schrumpfform jenes religiösen Empfindens handelte, das diesen Bau vor langer Zeit hervorgebracht hatte. Proust fiel mir wieder ein – als *Denkmäler eines vergessenen Glaubens überdauern allein die Kathedralen, zwecklos und stumm* –, und ich schämte mich meiner Genugtuung, ganz allein hier zu sein und ungestört an den leeren Bankreihen vorüberzugehen, und ich spürte schmerzlich, wie schön diese Kirche jetzt wäre mit all den Menschen, denen sie einmal ein Ort der Anbetung war. Wie leer, dachte ich, unsere Herzen sind!

Bevor ich wieder hinausging, blieb mein Blick an einem Stifterbild hängen, gleich links vom Eingang. Es drücke dieses Bild des sechzehnten Jahrhunderts, erklärte die daneben angebrachte Erläuterung, das Selbstvertrauen einer protestantischen Mindener Händlerfamilie nach der Reformation aus, in der großen Zeit der Hansestadt, als auch die schönen Häuser der Weserrenaissance entstanden, deren figurengeschmückte Giebel und vielfach gegliedertes Ziegelmauerwerk mir auf dem Weg vom Bahnhof schon aufgefallen waren. Lange besah ich die sorgsam gemalten weißen Krägen der Männer, die allesamt Spitzbärte trugen, und die kunstvoll gefältelten, ebenso weißen Hauben der Frauen. Es war dem Auftraggeber offenbar wichtig gewesen, seine ganze Familie abbilden zu lassen, sich selbst neben seiner Frau groß am Bildrand und dahinter, wie die immer kleiner werdenden Innenpuppen einer russischen Matrjoschka, seine zahlreichen Kinder, nach Geschlechtern getrennt und in der Größe sorgsam abgestuft, ganz am Rand winzige Wickelkinder. Alle trugen die gleichen schwarzen Gewänder, hatten dieselbe Haltung und denselben unendlich erwachsenen Ausdruck. Wohlanständigkeit, dachte ich zunächst, doch dann fiel mir der Widerspruch auf zwischen der vermuteten Modernität dieser Kaufmannsfamilie und ihrer maskenhaft-genealogischen Darstellung, und plötzlich sah ich nur noch einen Familienclan vor mir in körperfeindlicher Verhüllung, und das Sprichwort von der Haube, unter die jemand kommt, verlor für mich, kaum daß ich es dachte, alles Gemütliche.

Zurück auf dem Marktplatz, wollte es mir nicht mehr gelingen, hinter den stolzen Giebeln der reichverzierten Bürgerhäuser jene modernen Bürger zu imaginieren, die am Abend im Ratskeller die Politik der Stadt betrieben, sondern auch dort sah ich jetzt Sippen am Werk, die, unerbittlich aufeinander angewiesen, ebenso bigott wie glaubensvoll im asketischen Eifererschwarz in den heute leeren Kirchen sich versammelten. All die hochaufragenden Giebel um mich her schienen mir mit einem Mal näher an den vielstökkigen Lehmbauten von Sanaa als an den Einfamilienhäusern unserer Vorstädte, und ich verstand: Die Frage des islamistischen Terrors lautet, ob die Versprechungen, die die Kirchen leerten, tatsächlich eingelöst sind. Wir zögern mit der Antwort, verrostet doch der stahlgewordene Anspruch jener bürgerlichen Emanzipation, die einst die Kraft zu haben meinte, den metaphysisch heimatlosen Menschen auf ihren Schienen zu führen.

In seinen *Notizheften* schreibt Henning Ritter: *Das Jahr 1979 könnte sich eines Tages als das wichtigste und folgenreichste seines Jahrhunderts erweisen. Denn damals wurde im Iran bewiesen, dass der Säkularisierung genannte Prozess umkehrbar ist und nicht, wie man bis dahin glaubte, unumkehrbar. Wie unerfreulich das Regime Chomenis auch gewesen sein mag, es enthielt eine optimistische Botschaft: Modernisierung ist kein Schicksal, das keine Auswege offen lässt. Seither hat es vielerlei Phänomene der Wiederkehr gegeben, als bedeutsames die Wiederkehr der Religion.* Die Literatur hat von einer solchen Wiederkehr mit all ihren Wiedergängern und Gespenstern immer erzählt. Das Unheimliche und die Eisenbahn bedingen einander. Wieder zu Hause, suchte ich noch einmal nach jener Geschichte, an die ich mich dunkel zu erinnern meinte, und wollte schon aufgeben, als ich ratlos ein letztes Mal den Band mit Thomas Manns Erzählungen durchblätterte und bei einem Text hängenblieb, der unverdächtigerweise *Der Kleiderschrank* heißt, tatsächlich aber von einem Eisenbahnreisenden erzählt. Kein Bahnunglück – seltsam, daß wir auch noch heute kein anderes Wort für einen Verkehrsunfall auf den Gleisen haben –, sondern ein spontaner Entschluß veranlaßt ihn, seinen Zug zu verlassen und in einer fremden Stadt zu übernachten.

Alles ist ganz konkret, die Gepäckaufbewahrung, das Gaslicht in der nächtlichen Provinzstadt, das möblierte Zimmer, und doch ist die Szenerie ganz unheimlich. Nachdem Thomas Manns Held das Flüßchen am Stadttor überquert hat, das mitsamt dem Kahn an Styx und Charon gemahnt, fällt er aus der modernen Zeit.

Ich schloß das Buch und legte es weg. Daran hatte ich mich in Minden erinnert. Ein Schritt aus dem Fahrplan hinaus führt sofort ins Phantastische. Die Frage des Terrors lautet: Können wir unsere Gesellschaft tatsächlich weiter als säkulare denken? Indem der Terror zu unserer Wirklichkeit wird, zeigt er die Lügenhaftigkeit einer Realität, von der man versprach, sie komme ohne Opfer und Transzendenz aus. *Etwas erzählen? Aber ich weiß nichts.* Mit diesen Worten läßt Thomas Mann seinen Erzähler zögern, und dieses Zögern erzählt, daß es nicht die Geschichte ist, um die es ihm geht. Es geht um eine alltägliche Realität, deren Haut zerreißt. Es geht um eine Literatur, die angesichts der Realität des Terrors beides in den Blick nimmt: das Tatsächliche und seine Bedeutung. *Die Tatsachen,* schreibt Ludwig Wittgenstein, *gehören alle zur Aufgabe, nicht zur Lösung.*

Thomas Mann: *Das Eisenbahnunglück. / Der Kleiderschrank.* In: *Große kommentierte Frankfurter Ausgabe, Band 2.2. Frühe Erzählungen 1893–1912.* Frankfurt am Main 2004. | Marcel Proust: *Der Tod der Kathedralen.* In: *Frankfurter Ausgabe. Herausgegeben von Luzius Keller. Werke I, Band 2. Nachgeahmtes und Vermischtes. Aus dem Französischen von Henriette Beese, Ludwig Harig und Helmut Scheffel.* Frankfurt am Main 1989. | Jürgen Habermas: *Zwischen Naturalismus und Religion. Philosophische Aufsätze.* Frankfurt am Main 2005. | Henning Ritter: *Notizhefte.* Berlin 2010. | Ludwig Wittgenstein: *Tractatus logico-philosophicus.* Frankfurt am Main 1963.

DIE SPRACHE DER FISCHE

Beim Betrachten eines römischen Mosaiks des Tierbeschwörers Orpheus, das sich in Rottweil am Neckar erhalten hat, muß ich an eine Begegnung während meiner Anreise am Vortag denken, die mir nicht aus dem Kopf geht. Feierabendverkehr auf der Autobahn, eine Baustelle, Schrittgeschwindigkeit. Ich überhole einen Tiertransporter, dessen untere Luken sich auf der Höhe meiner Seitenscheiben befinden, und plötzlich sehe ich Schweine rechts von mir, schöne, saubere Schweine mit weißen Härchen und rosa Haut. Ihre Schnauzen recken sich aus den vergitterten Öffnungen, schnuppern und schnüffeln die Luft, die sie auf dieser Fahrt zum ersten und letzten Mal in ihrem Leben riechen. So eng eingepfercht, daß neben jeder Schweineschnauze ein gekringeltes Schweineschwänzchen zu sehen ist, drängen die einen sich neugierig an den Hinterbacken der andern vorbei, um hinauszusehen, und sehen mich dabei mit ihren zartbewimperten hellen Augen an.

Ich überhole den LKW, um diesen Blicken zu entkommen, dann überholt er mich aufs neue, die Schweine verschwinden aus meinem Gesichtsfeld, tauchen wieder auf, verschwinden erneut, so geht das über Kilometer. Schließlich aber endet die Baustelle, die Geschwindigkeitsbegrenzung wird aufgehoben, und gleichauf mit dem Führerhaus des Viehtransporters sehe ich zum Fahrer hinauf, und er sieht zu mir herab, während er mich mit triumphierendem Lächeln überholt. Die ruckartige Beschleunigung wirft die Schweine, die wieder in mein Blickfeld kommen, durcheinander, ich höre ihr Quieken und sehe einen langen Moment in ihre jetzt angstgeweiteten Augen, bevor die Autobahn auch vor mir endlich frei ist, ich wie erlöst Gas gebe und nun endgültig an ihnen vorbeiziehe.

Und als ich dann, einen Tag später, im Dominikanermuseum in Rottweil vor jenem römischen Mosaik stehend, nicht aufhören kann, an diesen Moment zu denken, lese ich auf einem kleinen Schildchen plötzlich, Orpheus symbolisiere die Überlegenheit des Menschen über die Natur. Sofort protestiere ich innerlich gegen diese Deutung des Schutzheiligen der Dichter, der so schön sang, daß ihn selbst die Tiere verstanden. Es geht nicht um Überlegenheit. Aber wer benennt, bringt zum Schweigen, was er bezeichnet. Im stummen Blick der Tiere schaut diese unvermeidliche Schuld uns an. Deshalb ängstigen und betören ihre Blicke uns gleichermaßen. Immer schon haben die Schriftsteller diese Schuld aufzuheben versucht, und so haben Tiere in der Literatur von jeher eine besondere Stellung, zu der auffallend oft gehört, daß sie sprechen können. Als sollten all die flüsternden Hunde und Füchse und Fische der Romane eine alte, magische Angst vor unseren sprachlosen Mitgeschöpfen besänftigen und als könnten wir Schriftsteller nicht von dem Glauben lassen, gerade das, was von der Natur uns trennt, die Sprache, könnte auch das sein, was uns mit ihr versöhnt. Denn nie können wir ihr entkommen. Nicht einmal vorstellen können wir uns, daß ein Lebewesen ohne Sprache sei. In Rilkes *Sonetten an Orpheus* heißt es:

Sieh in der Schüssel, auf heiter bereitetem Tische,
seltsam der Fische Gesicht.
Fische sind stumm ..., meinte man einmal. Wer weiß?
Aber ist nicht am Ende ein Ort, wo man das, was der Fische
Sprache wäre, ohne *sie spricht?*

Im Sommer 1792 verlangte das revolutionäre Paris die Auflösung der königlichen Menagerie in Versailles *im Namen der Menschen und der Tiere.* Viele der exotischen Tiere landeten bei den Pariser Metzgern, jene fünf aber, die überlebten, bildeten den Grundstock des *Jardin des Plantes*, des ersten wissenschaftlichen Zoos der Welt. Als ich nach meinem Museumsbesuch am Rande des Wochenmarktes von Rottweil in einem Café sitze, trottet ein Exemplar jener Hunderasse an mir vorüber, die den Namen der Stadt trägt und die sich in dieser Gegend bis in die Zeit zurückverfolgen läßt, als man Orpheus hier aus unzähligen bunten Steinchen sein Denkmal setzte. Von jeher werden Rottweiler dazu gezüchtet, für die Viehhändler und Metzger das Vieh in die Schlachthöfe zu treiben. Und in der Erinnerung an die hellbewimperten, entsetzensoffenen Augen der Schweine denke ich, alles wäre gewonnen, verstünden wir nur die Sprache der Metzgerhunde.

Rainer Maria Rilke: *Die Sonette an Orpheus.* In: *Sämtliche Werke.* Herausgegeben vom Rilke-Archiv. In Verbindung mit Ruth Sieber-Rilke besorgt durch Ernst Zinn. Erster Band. Frankfurt am Main 1955.

REALISMUS

Wir leben inmitten einer Revolution, deren Tragweite einzuschätzen uns deshalb so schwerfällt, weil wir auf die Wahrnehmung katastrophaler Umstürze eingerichtet sind, nicht auf langsame Veränderungen. Ereignete sich der Umbruch unserer Gegenwart in einer uns gemäßen Taktung, dann sähen wir: Massen stürmen durch die Straßen, Brände brechen aus, Fenster zersplittern, Türen werden aus den Angeln gehoben, Explosionen sind zu hören. Keine Zeit, die Zerstörung zu betrauern. Alles hängt davon ab, schnell zu verstehen, welche neuen Sichtachsen und Perspektiven sich dadurch ergeben, daß die Paläste unserer Vergangenheit zusammenstürzen. Benommen steige ich die trümmerübersäten Stufen zum Literaturmuseum hinauf, an dem ich mich – wo sonst? – gerade befinde.

Katastrophe ist immer Gegenwart. Was ihr als erstes zum Opfer fällt, ist Historie und Wissenschaft, es zerklirren die Sammlungsschränke der Archive, und die Exponate rollen über den Boden, es wird wieder freigesetzt, was für alle Zeiten geordnet schien, und erneut muß sich erweisen, was wozu taugt. Manches kann man essen, manches verheizen. Manches kann man lesen, als wäre es gerade eben erst geschrieben. Ich gehe die zerbrochenen Vitrinen entlang und trete vorsichtig auf die knirschenden Glasscherben unter meinen Füßen, während man draußen nach dem Fleisch der Giraffen aus dem aufgelassenen Zoo schreit. Schließlich bleibe ich stehen, greife durch das zersplitterte Glas und ziehe probeweise Wilhelm Raabe hervor. Muß ihn erst losnesteln von den Nadeln, mit denen die Literaturgeschichte ihn angeheftet hat neben den Erläuterungstafeln zum Realismus, dicht bei den Häuten von Keller, Fontane und Freytag. Ich schüttle den staubigen Balg, schüttle ihn auf wie ein Kissen, und im Nu gewinnt er Volumen. Ich stelle ihn auf seine Füße, und siehe da: Er lebt.

Und? Kann er uns von Nutzen sein in unserer Zeitlupenkatastrophe? Raabe, der geboren wurde, als Goethe noch lebte, und im selben Jahr starb, als Rilkes *Malte Laurids Brigge* erschien?

Es ähnelt seine Epoche in vielem der unseren, 1848 gleicht 1968, bald nach dem großen Aufbruch war die politische Utopie ausgeträumt. Der Fortschritt, den man erkämpft hatte, führte zu einem ökonomischen und gesellschaftlichen Umbau, den man so nicht gewollt hatte und der schnell auch das Feld der Literatur erreichte: Verlage, Zeitschriften – *Westermanns Monatshefte, Die Gartenlaube* –, Feuilletons, Lesevereine, Büchereien, günstige Volksausgaben der Klassiker in der *Reclamschen Groschenbibliothek*, wie Raabe spottete, alles boomte! Das Ergebnis aber war keineswegs größere Bildung, sondern die Ausbildung eines Massengeschmacks, der nach immer neuem Lesefutter verlangte. Die erste Generation von Autoren konnte eine ökonomische Existenz als freie Schriftsteller führen. *Unterhalt gegen Unterhaltung* nannte Wilhelm Raabe das, der dazugehörte. Früh erfolgreich, kam er zeitweise aus der Mode, setzte sich dann jedoch durch, auch ökonomisch.

Daß er heute weitgehend vergessen ist, hat mit einer einschneidenden Neubewertung der Literatur seiner Zeit zu tun. Bezeichnend, wie sich etwa Georg Lukács in einem Aufsatz von 1909 darüber mokierte, Mörike sei Pfarrer, Storm Richter gewesen und Keller Staatsschreiber, es sei in ihren Leben also all das geordnet, woraus *für andere die unlösbare Tragik des Verhältnisses von Kunst und Leben entstand.* Dieses vermeintliche Philistertum war in den sozialen Erschütterungen des neuen Jahrhunderts plötzlich *démodé*, lieber schwärmte man für den Furor Flauberts, die Christusgestalt Dostojewski, den heiligen Trinker Poe, entdeckte Hölderlin, Büchner und Kleist wieder, das Brennen der Kerze an beiden Enden. Und dabei ist es geblieben. Die Genieästhetik der Goethezeit im jeweils neuen Gewand ist noch immer das Paradigma, innerhalb dessen wir Literatur lesen und bewerten.

Heute scheint dies zweifelhafter denn je. Zum einen gibt es die bürgerliche Welt, gegen die sich die verschiedenen Avantgarden richteten, nicht mehr. Durch ihre geschleiften Bastionen bricht zur Zeit die Technik und räumt ab, was noch übrig war. Zum andern haftete jener Vorliebe für die Tragik des Künstlers immer schon etwas Vampirhaftes an, als ob sein Leid vorrangig dazu diene, die eigene Fühllosigkeit zu sublimieren, was sich noch verstärkt im digitalen Raum, den die aktuelle Revolution errichtet. Wobei die jeweiligen Leiden der Künstler, über die ihre Werke einzig diskutiert werden, wie Moden wechseln. Zur Zeit importiert man das Leid gern und besieht sich Folterspuren an Leib und Seele, die in anderen Kulturkreisen zugefügt werden. Voyeurismus, notdürftig gerechtfertigt durch das Pathos des aufklärerischen, kritischen Diskurses seit nunmehr über hundert Jahren.

Das Dispositiv dieses Diskurses, der unser Denken bestimmt, ist ein großes *Nicht mehr*. Doch glauben wir sie tatsächlich noch, diese ewige Auflösungsgeschichte, so lange erzählt, und immer, als wäre es ein böses Märchen, zu einem nie eingetretenen guten Ende hin? Auflösung der Tradition, Auflösung der künstlerischen Formen, Auflösung der bürgerlichen Öffentlichkeit – und all das bejaht im Zeichen der Avantgarde? Hilft uns das in einer Zeit, in der es längst nicht mehr darum gehen kann, die Verhältnisse zum Tanzen zu bringen, die in den Erschütterungen der Gegenwart gerade dabei sind einzustürzen? Könnte nicht vielleicht jenes große *Nicht mehr* genauso gut wieder ein *Noch nicht* sein? Zumindest in der Literatur? Haben wir uns nicht viel zu sehr daran gewöhnt, immer nur als Verfallsgeschichte zu sehen, was doch mit Fug und Recht auch ein Werdendes genannt werden könnte? Raabes Schreiben, hieße das, verstanden als utopisches Projekt.

Noch immer steht er vor mir in den knirschenden Scherben des Sammlungsschrankes, in denen er eingesperrt hing, befreit durch die Katastrophe unserer Gegenwart, die lärmend draußen tobt. Zögernd betrachte ich ihn. Weshalb gerade Raabe?

Zunächst, weil er den Dichterhabitus konsequent verschmähte. Er schien ihm im neuen massenmedialen System der Literaturproduktion überlebt, heftig polemisierte er gegen die *Literatur-Unsterblichkeitsansprüche* der Kollegen und setzte sein Selbstverständnis als Handwerker dagegen, inklusive Dienstjubiläen und Eintritt in den Ruhestand. Man hat das als Philistertum denunziert. Tatsächlich aber ist Raabes Weigerung, über sich selbst Auskunft zu geben, atemberaubend aktuell. Er verzichtete auf ein Schicksal, das ihn im Zusammenklang mit seinen Werken interessant gemacht hätte, weil, wie er die Aufgabe des Schriftstellers begriff, er keines mehr haben konnte. Sein Lebensradius, von der Arbeit bestimmt, war klein, seine Tagebücher sind unergiebig, es gibt keine Leitartikel und Bekenntnistexte von ihm. Was er über sich zu sagen hatte, hat er in seiner Literatur gesagt.

In einer lakonischen Notiz von 1871 heißt es, er hoffe, es beginne *nach abgeschlossenem Frieden eine sehr günstige Zeit für die »Romanschreiber«*. Diese Hoffnung bringt eine ästhetische Haltung zum Ausdruck, die nicht das Leid der Menschen bejaht, weil es bessere Kunst hervorbringe. Stattdessen wünscht Raabe den Menschen Frieden und also die Freiheit von äußerlichen Nöten, die es braucht, Literatur um ihrer selbst willen lesen zu können. Darauf richtete sich sein permanentes Nachdenken über die Wirkung seiner Texte.

Raabe nahm den ganz unterschiedlichen Bildungshintergrund seiner großen Leserschaft stets ernster als jene, die wie Storm ihr Heil in der Kanonisierung suchten. Raabes Weg war ein anderer. Seine Romane sollten, vor allem die späteren, ebenso eine naive wie eine komplexe Lektüre ermöglichen, darauf richtete sich sein ganzer Ehrgeiz. *Daß nur wenige es merken werden*, nämlich die Komplexität der Struktur, rühmte er stolz an seinem *Stopfkuchen*.

Sein ganz konkretes Erzählen, das thematisch provinziell, biedermeierlich anmutet, löst sich bei genauerem Hinsehen stets auf, indem Raabe seine Geschichten durch vielfältige Perspektivwechsel und durch ein Zitatgewebe, aus dem die Romanräume geschichtet zu sein scheinen, immer wieder brach. Wobei gerade die überschaubaren Räume ihm seine charakteristische Beweglichkeit in der Zeit ermöglichten, sein Springen vor und zurück im Erzählen, als wäre die Geschichte der Faden, der die verschiedenen Bedeutungsebenen wie Stoffe miteinander vernäht, Schicht um Schicht, dabei eine Unzahl von Anspielungen, Bezügen, Zitaten aller Gattungen und Textformen einarbeitend, von literarischen Texten über Märchen und Zeitungsmeldungen bis zu zeitgenössisch trivialen Kriminal- und Kolonialgeschichten.

Die Raabeforschung liest derlei gemeinhin als Zerstücklung, Fragment oder Bruch und schlägt den Autor wahlweise mit Jean Paul der Romantik oder mit Bachtin einer subversiven Literatur des Grotesken zu. Ich halte dies für zutiefst ideologisch: Einzig der Perspektive des *Nicht mehr* wird Modernität zuerkannt. Es ist offensichtlich, wie sehr sich dieser Schriftsteller, statt um die Gestaltung eines Zerbrechenden, um ein sich Fügendes bemüht hat, nicht um Auflösung, sondern um Vermittlung. Raabes Kunst liegt gerade darin, den Eindruck zu erwecken, als gäbe es keine Hierarchisierung all dieser Binnengeschichten und Zitate, sondern alles wäre immer schon da, Teil eines allgemeinen Erzählraums, dem der Leser wie der Roman, den er gerade liest, gleichermaßen und gleichberechtigt angehören. Ganz so, als machte er auf diese Weise den Ort seiner Romane, die als Fortsetzungstexte auf den Seiten der Zeitschriften inmitten anderer Texte aller Couleur erschienen, zum fruchtbaren ästhetischen Boden seines Schreibens.

Wilhelm Raabe schuf so eine schwebende Balance der Erzählung, die mir das Entscheidende an seinen Romanen ist. Jede Ordnung – im *Stopfkuchen* etwa oder den *Akten des Vogelsangs* – wird im Fallen geschildert, jedoch darin gehalten, destabilisiert und stabilisiert zugleich. Die Idyllen, deren Gestaltung man ihm vorwarf, erweisen sich in diesem Zusammenhang eben nicht als Fluchtorte, an denen Wirklichkeit ausgeblendet würde, sondern sind die mit größtmöglicher Sehnsucht aufgeladenen Stellen dieser Balance, deren Fragilität er dadurch sinnfällig werden ließ, daß all seine Techniken des Zitats und der Parodie, des Zeit- und Perspektivwechsels, der Ironie und des Grotesken, all diese Werkzeuge der Destruktion einer falschen Sinnhaftigkeit, ihm letztlich dazu dienten, ihre Möglichkeit zu erweisen.

Um die Aktualität dieses Verfahrens zu begreifen, genügt es, einmal David Foster Wallace neben Wilhelm Raabe zu legen. Raabes Realismus, der von Laurence Sterne herkommt, findet in Wallace seine wie selbstverständliche Fortschreibung unter den aktuellen medialen Bedingungen. Und das ist kein Zufall. Denn es ist Realismus weder ein Epochenbegriff noch ein Verfahren, das sich überlebt haben könnte, sondern eine literarische Haltung zur Welt. Gewiß: Wir konstruieren uns unsere Welt in Sprache und aus Sprache. Daß es aber diese Welt gleichwohl auch ohne uns gibt, ja, daß es uns selbst ohne uns geben kann, sinnvergessen, gequält, dumpf, naturhaft, ermöglicht erst das Ethos der Literatur. Denn es setzt alles, was ist, gegenüber dem

Menschen in sein Recht. Es ist die Welt ohne uns das Versprechen der Möglichkeit eines Lebens in dieser Welt, das glücklich wäre.

So schönes Wetter, und – ich noch dabei, flüstert sich der alte Erzähler in Raabes letztem Roman *Altershausen* selbst zu, und es liegt eine Existentialität in diesem *ich noch dabei,* die uns ergreift und anrührt. Nicht weil sie sentimental wäre, sondern weil sie uns unseren utopischen Ort in dieser Welt weist.

Geschichten setzen unsere Gedanken in Bewegung, bewegen uns, im Wortsinn, in ihrem Fortgang. Alles, was der Leser beim Lesen denkt, gestaltet die Welt der Geschichte mit, jedes Mitleiden mit den Figuren bestimmt unsere Gedanken beim Lesen und die Schlüsse, die wir ziehen. So heften sich an jeden Gedanken Gefühle, und jede Tat der Figuren, von denen wir lesen, erscheint nicht unvermittelt wie ein Kinobild, sondern eingebunden in Überlegungen, die wir anstellen. Reflexion und Erzählung sind eins. Was dabei in uns entsteht, könnte man Erkenntnis nennen, eine nicht begrifflich fixierbare, Raabe selbst hat es Trost genannt und wurde viel dafür geschmäht. Immer geht es um eine Literatur, die uns weniger belügt, als wir selbst es tun. Denn draußen auf den Straßen tobt die Revolution. Und durch meine Träume schreiten die Giraffen aus Versailles und der Löwe von der Pfaueninsel und Marie, meine Zwergin. Die Katastrophe zerbricht die Käfige. Wilhelm Raabe winkt mir zu und geht über die knirschenden Glasscherben davon. Sein Traum von einem Roman, der im Leser sich realisiert als ernstes Spiel der Freiheit, ist noch lange nicht ausgeträumt.

Wilhelm Raabe: *Werke in vier Bänden.* Herausgegeben von Karl Hoppe. Berlin 1967. | Georg Lukács: *Die Seele und die Formen. Essays.* Bielefeld 2011. | Wilhelm Raabe: *Altershausen.* Berlin 1911.

FORTSCHRITT

Die Schwierigkeit mit den griechischen Kunstwerken, schrieb der junge Marx um 1850 in London, bestehe nicht darin *zu verstehen, daß griechische Kunst und Epos an gewisse gesellschaftliche Entwicklungsformen geknüpft sind.* Selbstverständlich habe mit der damaligen Gesellschaft zu tun, was damals entstand, schließlich gebe es gesellschaftlichen Fortschritt, und so bringe eine fortschrittlichere Gesellschaft auch fortschrittlichere Kunst hervor. *Die Schwierigkeit ist, daß sie uns noch Kunstgenuß gewähren.* Daß es also, anders gesagt, keine Schwierigkeiten gibt. In nichts, heißt das, stehen die sterbenden Götter aus Pergamon den photographischen Dokumenten unserer eigenen Kriege an erschütternder Grausamkeit nach. Es braucht wenig, daß es ist, als wäre keine Zeit vergangen. Aber natürlich könnte unser Gebrauch von jenem, den die Antike selbst von ihren Kunstwerken machte, sich so radikal unterscheiden, daß ihr eigentlicher Gehalt uns völlig verborgen bliebe. Dann wären sie für uns, bei aller Brauchbarkeit, zugleich verloren.

Es verblaßt dieser Zweifel mit der Moderne, die ihn säte. Und im selben Maß, in dem der Glaube an die Idee von Fortschritt schwindet, sind wir wieder bereit, in den Kunstwerken, wie der junge Marx selbst es getan hat, Fenster zu sehen, die sich nicht prinzipiell dagegen verschließen, geöffnet zu werden.

Karl Marx: *Grundrisse der Kritik der politischen Ökonomie*. Berlin 1971.

DIE MODERNE

Komm' an meinen leeren Schreibtisch voll von meinen Träumen, schrieb Wolfgang Koeppen anderthalb Jahre vor seinem Tod an Siegfried Unseld. Ein Satz, der mich auch deshalb immer wieder ergreift, weil er Erinnerungen an die eigene Zeit im Suhrkamp-Verlag wachruft, in der Koeppen weniger als Autor eine Rolle spielte, sondern als Chiffre, die in diesem traurigen Satz ihre endgültige Gestalt gefunden hat. Chiffre einer Kultur, die sich selbst wiederum auf jene bekannte Sentenz Unselds bringen ließ, sein Verlag mache Autoren und keine Bücher. Als ich ihm im letzten Sommer der alten Bundesrepublik in Frankfurt am Main in einem teuren italienischen Lokal zum ersten Mal gegenübersaß und er sich, flankiert von zwei schweigenden Lektoren, sehr um seinen jungen künftigen Autor bemühte, fragte ich mich tatsächlich auch, was das wohl heißen könnte: einen Autor zu machen statt seine Bücher.

Als Du mich, schrieb Koeppen in seinem vorletzten Brief an Unseld am 26. Juni 1995, *an dem Haus am See besuchtest, sahst Du aus wie ein englischer Lord. Du kamst nicht zu mir; Du hast die Beziehung zu mir wohl schon abgebrochen. Als ich Dich sah, wußte ich, Du hast Dich von mir getrennt. Dann ist es aus mit mir; dann muß ich gehen und weiß nicht wohin.* Über Koeppen zu sprechen heißt, sich zu fragen, wofür dieser englische Lord in seinem Leben stand.

Das Freundschafts-, Arbeits-, Liebes-, Bewunderungs- und Abhängigkeitsverhältnis zwischen Verlegern und ihren Autoren ist eine ganz besondere Figur kreativer, oft symbiotischer Bezüglichkeit, die vielleicht nirgends so offenliegt wie im Verhältnis gerade dieses Autors zu gerade diesem Verleger. *Glücklicher Mensch, erfolgreicher Verleger, das bist Du und wirst es, so hoffe ich, auch bleiben,* schrieb Koeppen, und manchmal denke ich, er muß phantasiert haben, mit dem eigenen Unglück dessen Fortune erkauft zu haben. War er für ihn ein dunkler Lord, dieser so übernatürlich virile Verleger? Ein Vampir, der ihm das Leben aussaugte? Und kann man umgekehrt aus Unselds Selbstaussagen nicht den Eindruck gewinnen, als habe er die eigene Existenz doppelt reich auf der Folie des Scheiterns seines Autors empfunden, ja dieses Scheitern als notwendig zu erbringende Buße fürs eigene Glück?

Als ich ihm damals in Frankfurt gegenübersaß, hatte ich die Empfindung, daß es nicht um Bücher und nicht einmal um ökonomischen Erfolg ging, sondern um Zugehörigkeit, Zugehörigkeit zu einem Kosmos, der neben der realen Welt existierte und in dem Peter Handke irgendwo bei Paris in einem Wald lebte, in den Unseld reiste, um das neue Manuskript des Autors abzuholen, und Thomas Bernhard auf seinem verregneten Gehöft, von wo aus er den Verleger mit beleidigten Briefen bombardierte, und in dem es, wach, ja lebendig gehalten von eben diesem Verleger, noch immer den unglücklichen toten Mecklenburger Johnson in Sheerness on Sea gab und Hermann Burger in seinem Ferrari und als eine der ganz wenigen Frauen die manische Marianne Fritz, allein mit ihrem unendlichen Roman und ohne Unterlaß schreibend in ihrem Wiener Gehäus'.

Und Koeppen? Wolfgang Koeppen war als Verstummter zwar einerseits gar nicht, andererseits aber sehr präsent in dieser Welt, nämlich im Sprechen Unselds über ihn. Laßt uns nicht Bücher, *laßt uns Menschen machen, ein Bild, das uns gleich sei!* In gewisser Weise verkörperte der unsichtbare Koeppen, der nicht schrieb und dennoch alimentiert wurde, die totale, die vollkommene Suhrkamp-Autorenschaft. Und so ist die immergleiche Frage nach seinem Scheitern auch jene, ob dieses Scheitern nicht das seines Verlegers war und damit eines der Moderne selbst, als deren Agent sich Unseld vor allem anderen verstand. Denn schließlich verdankte sich sein Bekenntnis, keine Bücher, sondern Autoren machen zu wollen, der Ansicht, in der Moderne träten die Künstler selbst an die Stelle dessen, was sie erzeugten. Darauf wollte Siegfried Unseld reagieren und mit dem Suhrkamp-Verlag im Feld der Literatur das leisten, was Galerien und Sammler für die Kunst längst erreicht hatten. Autoren statt Bücher zu machen hat seinen guten verlegerischen Sinn in einer Zeit, in der Autoren selbst keine Bücher mehr machen wollen.

Doch es blieb die Sehnsucht nach dem großen Roman, der theoretisch gar nicht mehr möglich und auch nicht mehr nötig sein sollte, davon ganz unberührt, und zwar nicht nur, weil der Geschäftsmann Unseld selbstverständlich weiterhin Bücher verkaufen mußte. In diesem Widerspruch reißt die Abgründigkeit des Verhältnisses der beiden auf. *Frankfurt am Main, 30. September 1969: Lieber Herr Koeppen, ich kann Ihnen nur helfen, wenn ich ein Manuskript habe. Nun zeigen*

Sie doch der Welt, daß Sie schreiben können. Immer wieder lese ich wirklich großartige Prosa von Ihnen. Warum nicht diese lächerlichen 60 oder 100 oder 200 Seiten? Das ist doch einfach nicht einzusehen.

Nichts anderes als die Hoffnung auf diese *lächerlichen 60 oder 100 oder 200 Seiten* bildet den Kern jedes Autor/Verleger-Verhältnisses, doch ist im Briefwechsel der beiden ergreifend zu beobachten, wie in den immer absurderen Ausflüchten Koeppens und den immer drängenderen Vorschlägen, Bitten, Plänen Unselds sich diese – zunächst sicherlich durchaus auch ökonomische – Hoffnung wandelte zu einem intimen Ballett der Sehnsucht, in dem beide dann über Jahrzehnte hinweg diese Hoffnung wider besseres Wissen am Leben erhielten. *Frankfurt am Main, 15. Mai 1974: Lieber Wolfgang, in meinem Kopf steht eine Notiz, wonach Du mir bis zum 20. Mai eine Nachricht geben wolltest, ob wir mit dem Manuskript rechnen können. Wie steht es damit? Die Vertreter gehen am 10. Juni auf ihre Reise. Bitte laß mich doch wissen, ob es eine Hoffnung gibt.*

Es ist das Wesen der Hoffnung, nicht zu wissen, ob sie gerechtfertigt ist. Und gerade die Irrationalität dieser Hoffnung ist es, die Unseld und Koeppen füreinander reproduzierten in einem Macht- und Liebesverhältnis, in dem Dominanz und Unterwerfung durchaus ambivalent verteilt waren. Gewiß beneidete und fürchtete und brauchte Koeppen den glücklichen, den starken, den reichen Unseld, der war, wie jeder Mann sein will. Doch mit seiner ehrlichen Sehnsucht nach dem großen Roman gab dieser seinem Autor auch den Schlüssel zu sich selbst in die Hand, das Zauberwort einer völligen Unterwerfung, das Koeppen noch in seinem vorletzten Brief an Unseld benutzte: *Komm' bei mir vorbei, daß ich Dir sage, was ich schreiben könnte, schreiben werde, schreiben will.*

Längst ist es da, an diesem Ende, nicht mehr der Roman, der versprochen wird, sondern nur mehr der Akt seiner Beschwörung, um den es geht, denn es ist diese Beschwörung, die Autor und Verleger über Jahrzehnte geteilt haben und in der sie sich nahe waren. Den Roman dagegen hatte es nie gegeben, und wahrscheinlich war Unselds Frage nach der Berechtigung seiner Hoffnung nicht falsch, beruhte sie doch auf dem großen Erfolg dreier, zwischen 1951 und 1954 in rascher Folge erschienener Bücher. Koeppen selbst hielt laut Tagebuch *Tauben im Gras*, *Das Treibhaus* und *Der Tod in Rom* für Fingerübungen, in die er auswich, weil sein eigentliches Projekt nicht vorankam. Es sind oft die minderen Talente, die den Ton ihrer Zeit am reinsten reproduzieren, und hier beherrschte offenkundig jemand, der zuvor ganz anders geschrieben hatte, plötzlich einen Stil, den er rasend schnell exekutierte. Es ist die Tragik dieses Autors, der sich nach dem Krieg im Stil der Zeit neu erfunden hatte, daß der Erfolg es ihm verunmöglichte, die ästhetische Position eines unreflektiert übernommenen Modernismus wieder zu verlassen, auf die ihn die nachkriegsdeutsche literarische Öffentlichkeit für immer festlegte.

Das Pathos, das sein daraus resultierendes Schweigen als heroische Haltung deutete, war mir immer unangenehm. Es schien mir überlebt. Jene *Gesten des Schweigens, des Verstummens, des Verzichts, des Scheiterns,* die Unseld seinem Autor 1968 explizit nahelegte, waren für mich der letzte noch verbliebene ästhetische Glutkern einer ansonsten gelöschten und erloschenen Moderne. Was für einen furchtbar hilflosen Klang dieser Begriff doch hat! Wie er den banalen Gegenwartsmoment zum Himmel einer ganz falschen Zeitlosigkeit aufzuspannen versuchte. Stets ist Literatur eingerückt in die Perspektive ihrer Zeit, erstaunlich und anrührend aber ist, daß es an gelungenen Texten immer etwas gibt, das sich irgendwann mit Gewinn aus dieser Perspektive auch wieder lösen läßt. Vielleicht ist das Leiden von Autoren an ihrer Zeit eben das, was jenes Etwas ermöglicht.

In seinem allerletzten Brief an Unseld schrieb Koeppen im August 1995: *Lieber Siegfried, ich werde dieses Buch und auch andere Bücher fertig schreiben. Lasse mich das schreiben, störe mich nicht.* Es handelt Wolfgang Koeppens Geschichte von der Unmöglichkeit und der Notwendigkeit des Werkes, denn nur das Werk, zu dem der Text sich schließt, wird für den Autor zu jenem Drachenblutbad, das ihm die Ungestörtheit ermöglicht, die wiederum das Werk hervorbringt. In dieser Aporie verstummte Koeppen. Es ist die Aporie der Moderne selbst.

Ich erinnere mich noch sehr gut, wie Siegfried Unseld mir in jenem italienischen Lokal gegenübersaß, die Manschetten des weißen Hemdes hochgeschlagen, und wie wir Weißwein tranken und wie er das Weißbrot auf der ebenso weißen Tischdecke zerkrümelte. Er erzählte Anekdoten, die Entfernung zu überwinden, die ihn von dem zweiundzwanzigjährigen, verschüchterten Jungen trennte, den er nicht kannte. Vielleicht hatte er das Manuskript tatsächlich gelesen, das ihm sein Lektor Christian Döring gegeben hatte, der schweigend neben ihm saß und so wenig wie ich selbst bei jenem Mittagessen ahnte, daß er künftig alles lesen würde, was ich seither schrieb. Vielleicht kannte Unseld aber auch nur ein paar Seiten, das war ganz gleichgültig, denn wir blieben einander fremd. Und dennoch spürte ich irgendwann für einen Moment eine unbegreifliche Verbundenheit, so, als teilte man trotz aller Unterschiede etwas sehr Intimes. Vielleicht dachte er in diesem Moment an den unglücklichen Koeppen. Nach dem Essen fuhr er mich in seinem grünen Jaguar nach Hause. Der beinahe letzte Satz Wolfgang Koeppens im allerletzten Brief an seinen englischen Lord lautete: *Immer wenn ich höre, daß Du über den Ozean fährst, denke ich, daß ich mit Dir fliegen möchte.*

Wolfgang Koeppen / Siegfried Unseld: *Ich bitte um ein Wort… Der Briefwechsel.* Frankfurt am Main 2006. | Wolfgang Koeppen: *Tauben im Gras / Das Treibhaus / Der Tod in Rom.* Frankfurt am Main 1986. | Walter Erhart: *Wolfgang Koeppen. Das Scheitern moderner Literatur.* Konstanz 2012.

LITERATUR UND FREIHEIT

Romane waren einmal die *Ego-Shooter* der Medienwelt. Und ihr Siegeszug im achtzehnten Jahrhundert führte zu denselben Ängsten, mit denen wir heute den digitalen Medien begegnen. So schrieb 1795 der Buchhändler Johann Georg Heinzmann, es hätten *die Romane wohl eben so viel im Geheimen Menschen und Familien unglücklich gemacht, als es die so schreckbare französische Revolution öffentlich thut.* Mit der allgemeinen Alphabetisierung wurden erstmals breite Bevölkerungsschichten perfekter in Fiktionen hineingezogen, als man es jemals gekannt hatte.

Der Roman war die erste virtuelle Realität, und wenn wir heute angesichts des Medienbombasts, der uns umgibt, über die Zukunft der Bücher nachdenken, übersehen wir schnell, daß für die meisten Leser der Grund, eines aufzuschlagen, derselbe geblieben ist: unbeobachtet von anderen und unsichtbar für die Welt in Geschichten, die es nicht gibt, mitzuempfinden und zu erleben, was nicht zum eigenen Leben gehört und uns doch ebenso zu ergreifen in der Lage ist. Es waren stets weniger die Geschichten, die uns die Bücher erzählten, die ihre Anziehungskraft ausmachten, als die Möglichkeit, sich selbst in ihnen mit den Empfindungen anderer als ein Anderer zu spüren. Und zwar, das ist wichtig, im intimen Raum der eigenen Phantasie.

Dieser Raum aber ist bedroht, und zwar spätestens seit 2014, als Facebook seine *user* einem Experiment aussetzte und 300.000 von ihnen entweder vor allem positive oder überwiegend negative Meldungen zustellte. Ergebnis: Wer mehr positive Nachrichten las, *postete* daraufhin auch selbst eher Positives und umgekehrt, war der *newsfeed* insgesamt weniger emotional, ließ die Aktivität der unwissenden Probanden generell nach. Obwohl Facebook sich seinerzeit nach einem Proteststurm für diese Manipulation entschuldigen mußte, wird Mark Zuckerberg das Ergebnis aufmerksam zur Kenntnis genommen haben, denn so vorhersehbar es auf den ersten Blick scheint, so epochal war es in Wirklichkeit, bedeutet es doch, daß die Firma Facebook in der Lage war, die emotionale Befindlichkeit von 1,2 Milliarden Menschen auf dieser Welt synchron und zentral zu beeinflussen. Wobei entscheidend ist, daß es Facebook niemals um eine Manipulation von Inhalten, sondern stets um die Modulation von Gefühlen zu tun war. Es liegt ganz in der Logik des *social web*, dessen Hausherren ihrem Selbstverständnis nach nur die Gefäße für beliebige Inhalte bereitstellen, den Fluß von Gefühlen stimulieren zu wollen. Denn wie das Experiment zeigte, produzieren Emotionen *traffic*, und *traffic* produziert Emotionen.

Was uns durch die Enteignung unserer digitalen Daten droht, ist also nicht, wie man meinen könnte, vor allem die Zensur dessen, was wir denken, sondern die Beeinflussung unserer Gefühle. Nicht Orwells *1984* dräut uns, sondern *Schöne neue Welt*, in dem Aldous Huxley die gesellschaftliche Ersetzung von Kunst durch Drogen beschreibt. *Um größere Gefühlsschwankungen zu vermeiden, die zu negativen Verstimmungen führen können,* heißt es dort, *nehmen die Menschen regelmäßig Soma ein, eine Droge, die stimmungsaufhellend und anregend wirkt.* Diese Regelungsmöglichkeit hat Facebook nun erstmals im Feldversuch erprobt und damit gezeigt, daß in der digitalen Welt alle Informationen zunächst und vor allem physiologische Reize sind, Stimulanzien der Hirnchemie: Droge.

Vor diesem Hintergrund wird schlagartig deutlich, was ein Buch, das wir aufschlagen, um einzutauchen in eine erfundene Welt, und das wir wieder schließen, wenn wir es wünschen, immer war: ein Medium der Freiheit. Bald schon werden wir die Manipulation jedes Textes erleben, den wir elektronisch lesen. Wie alle digitalen Inhalte werden auch die digitalisierten Erzählungen nach der Maßgabe von Stimulanz und Dämpfung korrigiert, unmerklich und stetig. Doch solange es Bücher als physische Objekte noch gibt, bieten sie jenen autonomen und unveränderlichen Raum des Utopischen, in dem unsere Träume uns gehören. Bei jeder Lektüre verlangen sie von uns, unsere Freiheit bewußt zu nutzen, zwischen Fiktion und Wirklichkeit hin und her zu wechseln. Und erst das macht uns zu Subjekten der Erkennbarkeit der Welt.

Johann Georg Heinzmann: *Appel an meine Nation: Über die Pest der deutschen Literatur.* Mit einem Nachwort von Reinhard Wittmann. Hildesheim 1977. | http://www.pnas.org/content/111/24/8788.full. | George Orwell: *1984. Roman.* Aus dem Englischen von Michael Walter. Frankfurt am Main 1984. | Aldous Huxley: *Schöne neue Welt. Ein Roman der Zukunft.* Aus dem Englischen von Herberth E. Herlitschka. Frankfurt am Main 1978.

Forscher der Universität Leiden, die vor ein paar Jahren Hamsterräder in der Natur aufstellten und mit Bewegungssensor und Kamera aufzeichneten, welche Tiere die Räder wie lange benutzten, meldeten ein unerwartetes Ergebnis: Die Laufzeiten in Freiheit unterschieden sich nicht von denen in Käfigen. Vor allem Mäuse stiegen freiwillig ins Hamsterrad, aber auch Ratten und Frösche. Wobei viele der Tiere nach einer Weile sogar wieder zurückkamen, um weiterzulaufen. Das Hamsterrad als Metapher eines entfremdeten Lebens hat damit ausgedient. Das Laufen im Rad liegt wohl in der Natur der Tiere.

Dennoch wird es aus unserem Denken nicht verschwinden. Es wird, unbeeindruckt von der Wirklichkeit, als Klischee überleben. Und es gibt keinen Grund, dies zu bedauern, denn unser Denken arbeitet notwendig mit Klischees. Und also auch die Literatur. Jede Erzählung fußt auf Vereinbarungen, Konventionen zum Nutzen der Geschichte, die von den Lesern entgegen jeder Plausibilität akzeptiert werden. Und zwar eben nicht nur in ausgewiesen unrealistischen Genres wie dem Märchen und seinen aktuellen Spielarten, sondern – wie das Beispiel der Hamsterradmetapher zeigt – immer, wenn wir uns um eine Beschreibung der tatsächlichen Welt bemühen.

Eine besonders wichtige dieser lügenhaften Übereinkünfte zwischen Text und Leser betrifft die Konstruktion von Erinnerung. Erinnerungen sind das zentrale literarische Mittel, Vorgeschichte zu erzählen oder die Selbstvergewisserung einer Figur voranzutreiben. Seltsamerweise geschieht das heute ebenso konventionell wie vor Jahrhunderten, trotz Traumdeutung, Surrealismus und *écriture automatique* und obwohl wir als Leser genau wissen, daß unsere eigenen Erinnerungen uns nie als so geschlossene Erzählungen treffen, wie die Literatur sie uns präsentiert, sondern tatsächlich eher assoziativ als Fetzen von Geschehnissen, ungeordnet und vor allem nicht in Sprache. Als Bilder, Gerüche und Gefühle erreichen sie uns wie Nebelschwaden, die sich über die Landschaft unserer Seele legen und weiterziehen, die Realität verdeckend und verändernd und wieder entblößend. Und dennoch gilt das völlig konventionelle *Ich erinnere mich …* als eines der stärksten Authentizitätssignale der Literatur. Dabei ist schon dieser Satzanfang eine Lüge – überwältigen uns doch unsere Vergangenheitsbilder zumeist, treffen uns unerwartet, passiv, allzuoft erleiden wir sie und sind nur selten glücklich, etwas Gewesenes wieder zu genießen. Jeder weiß das. Weshalb also akzeptieren wir als Leser bereitwillig die Lüge?

Vielleicht, weil hinter der Fiktion des *Ich erinnere mich …* das *Erinnerung sprich* steht, wie Vladimir Nabokov seine Autobiographie nannte. Unsere Sehnsucht zielt darauf, daß einmal die Erinnerung selbst spräche, denn dann müßten wir nicht länger bezweifeln, was sie sagt. Wir verraten als Leser so gern die tatsächliche Bewußtseinslogik, weil uns die Unzuverlässigkeit unserer eigenen Erinnerungen mehr quält als die Lüge, es könnte eine Erinnerung geben, die die Wahrheit spricht. Die Sehnsucht danach ist real und anrührend, und alle Literatur handelt von ihr, und doch liegt in ihr für den Schriftsteller die allergrößte Schwierigkeit, denn die Bereitschaft der Leser zur Konvention ändert nichts an deren Lügenhaftigkeit. Und diese Lüge droht immer auf den Gehalt der Erzählung selbst durchzuschlagen, das macht die verlockende Leichtigkeit der Erinnerungskonstruktionen in der Literatur so problematisch. Nicht ihr Inhalt, und sei er noch so märchenhaft oder surreal, sondern die Konvention ihrer Form trägt die Gefahr in sich, die gesamte Erfindung um ihre Wahrhaftigkeit zu bringen. Man spürt das nicht selten an einem klebrig-süßen Geschmack der Sätze.

Seltsamerweise entdeckten die Forscher aus Leiden in ihren Hamsterrädern neben Ratten, Fröschen und Mäusen auch einige Schnecken. Diese, vermuten sie, hätten sich wohl verirrt. Was aber, wenn es anders wäre? Wenn diese Langsamen der Langsamen eine ganz bestimmte Sehnsucht ins Gestell getrieben hätte? Nur, wenn wir das Unverständliche im Realen ernst nehmen, finden wir im Verständlichen jeder Konvention die Wahrheit, die sie verbirgt.

Johanna H. Meijer, Yuri Robbers: *Wheel running in the wild.* In: *Proceedings of the Royal Society.* http://rspb.royalsocietypublishing.org/content/281/1786/20140210. | Vladimir Nabokov: *Erinnerung, sprich. Wiedersehen mit einer Autobiographie.* Aus dem Englischen von Dieter E. Zimmer. Reinbek bei Hamburg 1991.

LITERATUR UND MORAL

Ein Zug rast auf fünf Menschen zu, und Du hast die Möglichkeit, das Unglück zu verhindern, indem Du einen dicken Mann auf die Gleise stößt. Ein Leben opfern, fünf retten: Wie entscheidest Du Dich? Eine Frage, hinter der sich ein sehr altes moralisches Dilemma verbirgt, das zuletzt von Philippa Foot zur Verdeutlichung zweier ethischer Grundhaltungen beschrieben wurde. Entweder man sagt: Fünf Leben sind mehr wert als eines, schade für den dicken Mann. Oder man sagt: Ich darf nicht töten, und das gilt unabhängig von den Folgen. Kant hat in diesem Sinne der utilitaristischen Ethik englischer Provenienz mit dem Argument widersprochen, es sei der Nutzen, der eine Überschreitung des staatlichen oder göttlichen Tötungsverbotes rechtfertigen würde, selten klar abzusehen. Schade also für die fünf!

Wie entscheiden wir nun? An der Universität Barcelona wurde jüngst untersucht, ob es einen Unterschied mache, Menschen das beschriebene moralische Dilemma in ihrer Muttersprache oder in einer Fremdsprache vorzulegen, und man kam dabei zu einem höchst interessanten Ergebnis: Sollten die spanischen Probanden urteilen, ob es richtig wäre, einen *hombre grande* zu opfern, waren sie dazu weniger bereit, als wenn es sich um einen *large man* handelte. Es sieht ganz danach aus, als hinge unsere Entscheidung wesentlich davon ab, ob wir über sie in unserer eigenen Sprache nachdenken oder nicht. Der verantwortliche Psychologe macht dafür eine größere emotionale Beteiligung in der Muttersprache verantwortlich. Da aber seiner Ansicht nach bei Fragen der Moral Emotionalität keine Rolle spielen dürfe, rät der Wissenschaftler, bei derlei Fragen doch besser in eine Fremdsprache zu wechseln, um rationalere Entscheidungen treffen zu können. Solche, wie er schreibt, die *auf den Dingen beruhen, die wirklich zählen.*

Aber was sind die Dinge, die wirklich zählen? War es nicht einmal die Literatur, die von den Dingen erzählte, die zählen? Waren es nicht ihre Geschichten, die uns lehren sollten, die richtigen Entscheidungen zu treffen? Und standen nicht moralische Dilemmata wie das genannte, auch ohne Zug und Bahnsteig, einst an ihrem Anfang: Soll Orest den Mord am Vater rächen oder soll er die Mutter ehren? Aber heute? Längst vorbei scheinen die Zeiten, in denen Fabeln und Lehrstücke für uns das Entscheidende an der Literatur waren. Was aber ist es dann? Das Experiment der Universität Barcelona könnte einen auf die Idee bringen, daß es Literatur eben doch, wie man heutzutage allgemein bezweifelt, um Moral zu tun ist. Der Psychologe bleibt sehr vage bei der Erklärung, weshalb die Muttersprache uns zu anderen moralischen Entscheidungen bringt als eine Fremdsprache. Es gilt aber zu begreifen, was die emotionale Beteiligung bedeutet, von der er spricht. Mir scheint, sie ist nichts, was man, wie er es möchte, minimieren sollte. Ich glaube, hinter ihr verbirgt sich das ethische Herz unserer Sprache.

Es ist die Muttersprache jene Sprache, mit der wir mehr verbinden, als sie zu beherrschen. Wir lernen sie nicht wie Latein, es sind ihre Wörter für uns mehr als Vokabeln, denn immer führen sie all die Geschichten mit sich, in denen wir zu den Menschen wurden, die wir sind. Geschichten, die uns die Literatur erzählt hat, und die dabei, wie das Experiment zeigte, wohl noch viel mehr tut, als nur unsere Phantasie zu bevölkern. Die Muttersprache verknüpft uns unauflöslich mit den emotionalen Räumen ihrer Erzählungen, wir laden die Wörter an ihren Schilderungen, ihren Beschreibungen, an den Schicksalen ihrer Helden, an ihren Hoffnungen und Abgründen auf. Sie sind das Aroma der Literatur, das an den Wörtern haftet, wir führen es mit uns und denken darin, selbst im erbarmungslosen Licht jener moralischen Frage. Selbst dann will es uns, wenn wir in unserer Sprache von einem dicken Mann hören an einem Gleis, nicht gelingen, ihn uns nur auf seinen Nutzen hin vorzustellen. Immer wird er uns noch etwas anderes sein. Und immer wird uns das zögern lassen. Und das – nicht mehr, aber auch nicht weniger, und es ist nicht wenig – ist die ethische Dimension der Literatur.

A. Foucart, S. Hayakawa, J. D. Corey, D. J. Barr, M. Aparici, A. Costa und B. Keysar: *Changing languages changes moral choices: The role of outcomes.* In: *Cognition.* Universitat Pompeu Favra Barcelona. http://www.spb.upf.edu/node/696.

LITERATUR UND IHRE ZWECKE

Der junge Robert Louis Stevenson war schon ein in den literarischen Zirkeln seiner Zeit anerkannter Schriftsteller, als er im August 1879 auf einer Schiffspassage nach Amerika in Kontakt mit den unteren Ständen kam und sich daraufhin entschloß, von nun an völlig anders zu schreiben. In Briefen schildert er, wie sein Adoptivsohn und sein alter Vater begeistert den ersten Kapiteln der *Schatzinsel* lauschten, die er dann in einem verregneten Sommer in den schottischen Highlands zu schreiben begann. Die beiden waren alles andere als literarische Experten, aber an eben die wollte Stevenson sich auch nicht länger wenden. Sein Schreiben sollte von nun an *für alle* sein.

Eigentlich wäre es zu erwarten gewesen, daß die Reise nach Amerika Stevenson dazu gebracht hätte, das soziale Elend zu seinem Thema zu machen, die Klassengesellschaft unter Deck und die Hoffnungen der Auswanderer, denn heute wie damals gab es für einen Schriftsteller eigentlich nur zwei anerkannte Zwecke, denen er sich verschreiben kann. Entweder soziale Relevanz, wie sie in jener Zeit die Romane von Dickens meisterhaft verkörperten, oder künstlerische Virtuosität nach der aktuellen ästhetischen Mode, in der Stevenson es bereits zu einiger Anerkennung gebracht hatte.

Jenes Dritte aber, um das es ihm offenkundig ging, war zu seiner Zeit so wenig wie in unserer heutigen literarischen Öffentlichkeit vorgesehen. Entsprechend vorhersehbar war, daß die *Schatzinsel*, als sie schließlich zuerst als Fortsetzung in der Zeitschrift *Young Folks* und dann 1883 als Buch erschien, zwar der erste finanzielle Erfolg Stevensons wurde, in der literarischen Szene aber auf Unverständnis und Ablehnung stieß. Weshalb also zog er aus der Begegnung mit Menschen, über die wir vor allem sagen können, daß sie keine Literatur gekannt haben werden, gerade den Schluß, nicht *über* sie, sondern *für* sie schreiben zu wollen?

Ich stelle mir vor, daß es die Einsicht in die Zweifelhaftigkeit aller Zwecke war. Zunächst im Leben jener, die sich von ihrer Reise in die Neue Welt ein besseres Leben versprachen. Aber ebenso auch in der Literatur selbst, die sich – ob für ein ästhetisches Programm oder die Verbesserung der Welt – so gern in Dienst nehmen läßt. Die Literaturgeschichte ist eine Geschichte der Zwecke, die man in die Literatur einträgt. Stets geht es dabei um die Frage, wie die Abbildung von Welt in der Literatur gelingen könne. Was bleibt von all dem, eingesperrt im Bauch eines Schiffes, das so lange unterwegs ist, daß das Ziel unwirklich zu werden beginnt? Ernst Jünger, hundertjährig, notierte einmal: *Man hat keinen Zweck*. Ich stelle mir vor, daß Robert Louis Stevenson auf seiner Reise die grundlegende Bedeutung begriff, die in der Geschichte selbst liegt, die erzählt wird.

Ich stelle mir vor, daß es sich bei jenem Dritten, für das Stevenson sich entschied, als er von Bord jenes Schiffes ging, um die Gewißheit handelte, daß Literatur keinen Zweck braucht, weil sie ganz Mittel ist, ein Lebensmittel, Schiffszwieback auf unserer aller Reise. Deshalb sollte Literatur für alle sein. Und war es auch immer in den großen Gestalten, die sie hervorgebracht hat, in Hektor und Achill, im Don Quijote, in Emma Bovary. Und in Long John Silver. Wann immer sein Papagei in unserer Erinnerung und wie aus einem Fiebertraum heraus plötzlich *Dukaten! Dukaten!* ruft, wird klar, wohin Literatur sich öffnet, hat sie sich von allen Zwecken befreit – mitten in unsere Träume und Sehnsüchte hinein!

Robert Louis Stevenson: *Die Schatzinsel. Roman.* Aus dem Englischen übersetzt und herausgegeben von Andreas Nohl. München 2013. | Ernst Jünger: *Siebzig verweht V*. Stuttgart 1997.

DAS BILD EINER TOTEN

Man hat mir das Bild einer Toten aufs iPhone geschickt, und obwohl ich es nach dem Schock des ersten unbedarften Blicks vermeide, das Bild zu betrachten, das nun im Speicher meines Telephons liegt, hat das Gerät dadurch seinen Charakter verändert. Ist zu etwas geworden, was Speicher wohl immer waren, was wir aber in unseren medialen Zeiten der bewegten, der belebten Bilder gerade dabei sind zu vergessen: ein Grab. Und wenn ich wieder einmal daran denke, was das Telephon enthält, kommt es mir tatsächlich so vor, als trüge ich einen kleinen Sarg in der Hand.

Es widerstrebt mir, dieses Bild zu beschreiben. Nicht nur, weil, was ich vorher nicht wußte, tatsächlich eine furchtbare, unbeschreibbare Differenz zwischen dem Gesicht eines lebendigen Menschen und dem eines Toten besteht, sondern weil man diese Differenz als obszön empfindet und zugleich auf eine obszöne Weise als wahr. Weil ein solches Bild einen Körper so dinghaft zeigt, wie wir lebendige Menschen niemals sehen, denkt man: Dieses Bild dürfte es nicht geben! Man möchte, wenn es einen Sinn hätte, protestieren dagegen, daß ein solches Bild in der Welt ist. Und man fragt sich: Was ist das eigentlich für eine Sache, die da anstelle des Gestorbenen da ist? Und was ist es, das nicht mehr da ist?

Dabei weiß ich, was das Bild zeigt: Es zeigt meine erste große Liebe. Sie war es für uns beide, sie dauerte zehn Jahre, und in den fünfundzwanzig Jahren seitdem sind wir uns nur noch wenige Male begegnet. Und jetzt hat man mir ein Photo ihres Gesichts geschickt, den Kopf mit geschlossenen Augen zur Seite geneigt, entspannt, möchte man meinen, tot, sagte man mir. Ein dünnes bläuliches Aderngeflecht ist an der Schläfe unter der Haut zu sehen. Das Bild, sagte man mir, wurde an einem Strand in Kambodscha aufgenommen, in der Nähe von Sihanoukville. Sie sei, sagte man mir, aus dem Wasser gekommen, habe sich gebückt, um ihre Sachen zu nehmen, sei zusammengebrochen und fast im selben Moment gestorben.

Speicher, darüber täuscht unser Lachen in die Kamera nur hinweg, sind immer schon jene Orte gewesen, an denen wir alles, was tot ist, aufbewahren für die Ewigkeit. Literatur ist einer unserer ältesten Speicher.

Insofern hat Schreiben stets auch mit dem Tod zu tun. Aber wenn ich jenes Bild betrachte, das meine erste Liebe zeigt, will ich schier verzweifeln darüber, daß ich ihren Tod darauf sehe und es mir doch nicht gelingt, ihn zu sehen. Als ob eine atmosphärische Störung über dem vertrauten Gesicht läge, die selber keine faßbare Kontur hat und doch alles verdeckt.

Ein Text von John Berger kommt mir in den Sinn, in dem er beschreibt, wie er eine Zeichnung seines toten Vaters anfertigte. *As I drew his mouth, his brows, his eyelids, as their specific forms emerged with lines from the whiteness of the paper, I felt the history and the experience which had made them as they were.* Das ganze Leben, das der Vater mit ihm geteilt und das ihn, den Sohn, ebenso geformt hat wie die Züge des Vaters, spürte Berger in diesem Moment und zugleich, daß die einzigartige Individualität, die dieses Leben unter Schmerzen und Freuden, unter Zweifeln und voller Hoffnung, sehnsüchtig und ängstlich, müde und erschöpft ausgebildet hat, daß dieses ganze Leben, Ziel all unserer Bemühungen, einfach für immer verschwindet. *Of all that I could see*, schreibt Berger, *only the drawing would remain.* Diese Zeichnung aber, Speicher und Ort des Todes, ermöglicht das, was Berger *corriger la fortune* nennt, nämlich den Versuch, das Schicksal alles Lebendigen zu korrigieren. Und weil das so ist, ist das Blatt, auf das John Berger das Gesicht seines Vaters zeichnete, in Wirklichkeit niemals leer gewesen. Weil es den Tod gibt und den Schmerz über ihn, gibt es kein weißes Blatt. Zwar sind wir alle Kreaturen und jede Kreatur ist ein Geschöpf, doch die Kreation aus dem Nichts ist eine Erfindung des Alten Testaments, die vor langer Zeit einmal tröstlich gewesen sein mag, aber für uns, wenn wir ehrlich zu uns sind, nicht mehr gilt. Weshalb Kreativität heute etwas für Friseure ist. Es gibt kein weißes Blatt. Niemals. Unser Schmerz ist immer schon da.

Wenn das so ist und der Schmerz um die Vergänglichkeit und den Tod, wenn Erinnerung und Bewahrung, Mitleben und Teilhabe der innerste Antrieb des Schreibens sind, fragt es sich, welchen Stellenwert die Fiktion hat. Weshalb Literatur, die von Menschen handelt und nicht von Feen, Zombies und all den anderen Fantasyphantasmen, die mit dem Tod auf andere Weise fertig werden, überhaupt etwas aus dem Nichts zu erfinden vorgibt. Und tatsächlich erleben wir die Hochkonjunktur eines Realismus, der eben das nicht mehr für nötig hält. *Meines Erachtens,* erklärt Karl Ove Knausgård, *leben wir in einer vollständig fiktionalisierten Welt, in der alles in Erzählung verwan-*

delt wird. In einer derartigen Umgebung ist es nicht länger Aufgabe des Schriftstellers, weitere Geschichten zu erfinden.

Was bedeutet das für den Roman? Seit seinem Auftreten ist er immer Gradmesser gewesen unseres Umgangs mit dem, was wir Wirklichkeit nennen, ob in der barocken Feier der Phantasie bei Sterne oder Cervantes, im triumphalen Realismus des neunzehnten oder in den formalen Innenweltexerzitien der Avantgarden des zwanzigsten Jahrhunderts. Karl Ove Knausgård stellt die alte, immer erneuerte Frage nach dem Roman, und seine Antwort ist die einer ganzen Gruppe von Autoren, die man unter dem Schlagwort einer *New Sincerity* rubriziert – Marie Calloway und Tao Lin aus den USA gehören dazu und der Norweger Tomas Espedal –, und sie lautet: keine Erfindungen! Den Verfahren der Ich-Vergewisserung verpflichtet, wie sie in den sozialen Medien eingeübt werden, den Ich-Konstruktionen der Blogs, ist die Unterscheidung von Fiktion und Tagebuchmitschrift diesen Autoren gleichgültig. Mit dem Gleichmut einer Gesundheits-App schreiben sie stattdessen mit, was ihnen geschieht, und viele Leser empfinden vor allem Knausgårds Protokolle des Alltagsvollzugs als hypnotisch, ja kathartisch. Nicht interessant oder wichtig hinsichtlich der Themen, die verhandelt werden, sondern hypnotisch in ihrer Wirkung.

Ursache dieses Effektes ist gewiß zunächst einmal die besondere Möglichkeit von Identifikation und Voyeurismus, die alle medialen Formen bieten, die auf Teilhabe abstellen. Bezeichnenderweise ist für viele der genannten Autoren das eigentliche Medium nicht mehr das Buch, sondern der Text nur eine Stimme im medialen Chor, dessen Chorraum die Autorfigur selbst ist, wie sie in den sozialen Medien erscheint. Doch allein mit Teilhabe an diesen Autorenfiguren ist der Erfolg solcher Literatur nicht zu erklären. Befragt man den hypnotischen Effekt genauer, zeigt sich darin die Erfahrung einer lustvollen Regression. Es gibt eine tiefe Sehnsucht der Leser nach Entlastung, Entlastung von Kunstfertigkeit, Klugheit, Differenzierung und Reflexion, auch von Bildung, und zwar sowohl von der, die man hat, wie auch von jener, die einem fehlt. Als Reaktion darauf werden auf allen medialen Ebenen fiktionale durch zirzensische Formate ersetzt, und an die Stelle des abgeschmolzenen traditionellen Formenschatzes der Künste tritt einerseits die Authentizitätsbehauptung, die sich für den bildungsbürgerlichen Leser bei Knausgård erfüllt. Und andererseits erleben wir extrem künstliche, formatübergreifende Fiktionalisierungen, deren mythisch-raunendes Erzählen – im Film, im TV, im Computerspiel, in der Literatur – die Welt als gnostischen Fabulierraum voller Superhelden und Endzeitabenteuer neu konstruiert.

Wenn beides zusammenfindet, die Gegenwartsverfallenheit der sozialen Medien und die Remythologisierung unserer Phantasie, entsteht etwas, das tatsächlich die Kraft hat, sich in die Wirklichkeit zu implementieren. Vor einiger Zeit stachen zwei zwölfjährige Mädchen aus Wisconsin mit Messern auf ihre beste Freundin ein, zerrten sie dann in ein Gebüsch, bedeckten sie mit Blättern und ließen sie dort halbtot liegen. Die Täterinnen gaben an, im Auftrag von *Slenderman* gehandelt zu haben, doch *Slenderman*, ein unheimlicher, gesichtsloser Mann im Anzug, der kleinen Kindern nachstellt, ist eine Comicfigur. 2009 bei einem Photoshop-Wettbewerb entstanden, sind seine fiktionalen Wurzeln im Netz längst verwischt, er ist zum Helden pseudodokumentarischer Videos geworden, und eine mit dem Rattenfänger von Hameln vergleichbare Ambivalenz sorgt dafür, daß er, ebenso anziehend wie bedrohlich, vor allem von jungen Mädchen für real gehalten wird. Die beiden Täterinnen aus Wisconsin glaubten das Leben ihrer Freundin opfern zu müssen, weil *Slenderman* Jagd auf sie mache und nur das Blut eines Opfers sie vor ihm beschützen könne.

Die Frage ist auch hier: Wie banne ich meinen Schmerz? Was tue ich mit meiner Angst? Erzählen kann Betäubung sein, die den Schmerz nicht heilt und die Geister nicht kenntlich macht, die uns aus den Bildern der Toten ansehen, weil sie über ihren Gesichtern liegen wie Schleier. Ich glaube, daß es die Kunst gibt, um der Phantasie zu entkommen und den Schrecken, die sie gebiert. Wer Ausgedachtes als trivial geringschätzt, übersieht, daß das Ausdenken eine Disziplin mit Regeln und Normen ist, die, wenn wir sie kennen, wiederum unsere Ängste disziplinieren. John Bergers Hoffnung, die Kunst sei Korrektur des Schicksals, ist nur berechtigt eingedenk der Grenze, die die Lebenden von den Toten trennt. Im neuen medialen Raum der Gegenwart aber sind wir wieder ungeschützt Mythen ausgesetzt, die auf blutige Weise auf unsere Körper zurückgebogen werden, als habe es diese Grenze der Kultur nie gegeben, und uns damit wieder, wie vor aller Zivilisation, zum Opfer unserer eigenen Phantasien machen.

Literatur, wie ich sie verstehe, steht dagegen. In einer Zeit, in der die Dinge dieser Welt sich ebenso aufzulösen drohen wie wir uns in den digitalen Surrogaten dessen, was einmal unsere Innenwelt war, muß Literatur vor allem ein Modus der Wahrhaftigkeit sein. Dennoch hat sie für mich nichts mit den Knausgårdschen Alltagsmitschriften zu tun, aber auch nichts mit dem Eskapismus der Fantasy, nichts mit den abgetanen Formexerzitien der Avantgarden und auch nichts mit einem trivialen Realismus, bei dem Autoren in Texten Sinn deponieren, den Leser dann wieder entnehmen können. Literatur, wie ich sie verstehe, ist der Raum der Freiheit der Sprache. Und es liegt ein großer Zauber, ja eine Bezauberung im interesselosen Spiel der Sprache. Doch ist es kein Zauber, der verhext, keine Droge und kein Fluch. Literatur, wie ich sie verstehe, leugnet die Differenz nicht zwischen den Lebenden und den Toten und nimmt mir den Schmerz angesichts des Photos in meinem iPhone nicht. Aber sie tröstet mich dennoch. Wie macht sie das?

Ein Winterabend. Ich fahre aus der Stadt hinaus, fahre auf schwarzem vom Salz freigetauten Asphalt unter den hohen orangenen Lichtern der Natriumdampflampen an Waschstraßen, Baumärkten, Parkplätzen vorüber, an endlosen Wohnanlagen, dann an den Hallen der Logistikzentren von Lidl und Edeka, aus denen die Stadt versorgt wird, und schließlich, als ihren letzten Vorposten, an den verlassenen Zubringern von Autobahnen, die es noch gar nicht gibt. Dann wird es dunkel und die Straße schmal, und verharschter Schnee beginnt spinnendünne Muster über den Asphalt der Alleen zu legen, deren Bäume ein schwarzes Dach über der Straße bilden. In den finsteren Dörfern, in denen kein Mensch zu sehen ist, male ich mir aus, wie der Wagen in einer vereisten Kurve in einen Graben rutscht. Der Mond steht über der weiten Ebene zwischen den Dörfern, und der Schnee glimmt milchig unter ihm. Schließlich rolle ich durch ein offenes Tor in den mauerbeschützten Bezirk eines verschneiten Benediktinerinnenklosters im Süden Berlins.

Die Kirche des Klosters war einmal eine Scheune. Offene Backsteinmauern, die wuchtigen Balken des offenen Dachs, ein schlichter Altar, das Kreuz unter dem Giebel aufgehängt. Während ich in einer Bank sitze und mich umsehe, muß ich wieder an den leeren Mindener Dom denken und wie ich in ihm herumging. Künstlerische Formen werden verlassen. Was nicht bedeutet, daß das, was sie schuf, für immer verschwunden ist.

Gemeinsam mit dem knappen Dutzend Besucher erhebe ich mich, als die vierundzwanzig Nonnen, eine stumme Prozession zur Vesper, in Zweierreihen hereinkommen. Die Hände in den weiten Ärmeln verborgen, nicken die Frauen einander zu, treten in die Bankreihen und sitzen dann, einander zugewandt, auf beiden Seiten des Altars. Nüchternes Räuspern und Ruckeln, Platzmachen und Zurechtzupfen des schwarzen Habits, der bodenlangen, mit dem Zingulum gegürteten Kukulle, über der Brust der weiße Kragen, eng am Kopf die weiße Haube, welche die Haare verbirgt und selbst wieder unter einem langen Schleier verschwindet, der weit über den Rücken fällt. Weiß ist dieser Schleier bei den beiden Novizinnen, die als letzte Platz nehmen, schwarz bei all jenen, die die ewige Profeß an den Orden bindet. Sie ordnen die Falten des Stoffes, putzen sich die Nase, nehmen den Text der Vesper, der in der Ablage der Bank vor ihnen liegt, keine der Frauen spricht, keine sieht sich um. Nur einmal liegt der Blick einer alten Nonne scheinbar gleichgültig, aber doch so lange auf mir, daß ich Neugier dahinter vermute.

Nach einer Weile beginnen zwei Nonnen auf der einen Seite des Altars zu singen, zwei Nonnen auf der anderen Seite wiederholen die Strophe, der Wechselgesang hat begonnen. Einfache, auf eine unbestimmbare Weise mir zweckmäßig erscheinende Melodien führen ein musikalisches Gespräch im Latein der Psalmen, jeden Tag seit Äonen, eine halbe Stunde lang, in der immer gleichen, atemähnlichen Geschwindigkeit wie unzählige Male zuvor und unzählige Male in alle Zukunft hinein. Gleichgültig, wer zuhört, gleichgültig, wer singt.

Ich mustere die bewegliche Wand aus Stoff, aus der, gefältelt, geschürzt, genadelt, gerafft, ausgebreitet, glattgestrichen, die einzelnen Nonnen aufzutauchen und immer wieder zu verschwinden scheinen, Vogelscheuche, Gespenst, Burka, Sprengstoffgürtel, denke ich, an die Hauben der Frauen aus Minden und an die verwitterten, konturlosen Umrisse auf den jahrhundertealten Grabsteinen der Klöster, ein Gesicht in den Umriß des Habits geschnitten. Wir sind unserer westlichen Individualität so sicher, dabei ist doch unsere eigene Geschichte der Entlastung vom Subjekt historisch nur einen Wimpernschlag entfernt, und vielleicht nicht einmal das. Meine Gedanken schweben auf der gleichförmigen Melodielinie. Es dämpft der Gesang tatsächlich den Schmerz. Ich halte das Telephon, in den Flugmodus geschaltet, in meiner Hand und meine zu spüren, wie das Bild darin sich besänftigt, als fände es einen Frieden, den das Grab des technischen Speichers nicht bereithält. Und es öffnet zugleich ein anderer Raum in diesem Gesang sich so, wie er mir das Herz öffnet. Und ich begreife zum ersten Mal etwas vom heikelsten Moment des Schreibens, dem Moment vor dem weißen Blatt.

Das es selbstverständlich gibt. Alles beginnt ja mit dem weißen Blatt. Es ist der Raum zwischen den singenden Nonnen, ist der Raum zwischen Leser und Autor, deren Verhältnis auch ein Wechselgesang ist. Es ist ein Raum, um den ein magischer Kreis geschlagen sein muß, der alles andere ausschließt, und sei es nur für einen Moment. Das teilt die Kunst mit der Religion. Es färbt das weiße Blatt sich mit meinem Blut. Es gibt kein weißes Blatt, aber es gibt das Wunder der Verwandlung. Das ist das Neue Testament. Dabei ist das Wunder des weißen Blattes nicht die Schöpfung aus dem Nichts, sondern die Schöpfung in das Nichts eines utopischen Raums hinein. Eines Raums zwischen den beiden Seiten eines Blattes, unverbunden und zugleich verbunden über das, was wir darauf entweder schreiben oder lesen, auf dieser hauchdünnen Grenze, siebzig Gramm pro Quadratmeter schwer, die Leser und Autor zusammenbringt und doch verläßlich voreinander schützt. Man kommt sich nicht nah und berührt einander doch. Das weiße Blatt ist der Ort eines Tausches, und in jedem Tausch verwandelt sich das Getauschte.

Worin das entscheidende Problem dieses Tausches besteht, weiß auch Karl Ove Knausgård. Es ist eines der

Form. *Wer wie ich Bücher über seine Erinnerungen schreibt*, sagt er in einem Interview, *fixiert diese Erinnerungen, und für eine kurze Zeit mögen sie ihre Gültigkeit behalten, aber irgendwann erscheinen sie einem nicht mehr wahr, weil man älter geworden ist und sich verändert hat.* Georg Lukács hielt mehr als hundert Jahre vor Knausgård einen ganz ähnlichen Gedanken fest: *Alles, was wirkt, wirkt nur durch die Kraft des gemeinsamen Erlebnisses und wird sofort unverständlich, sobald diese Gemeinsamkeit verschwunden ist.*

Die einfache Mitschrift der Zeit, so die Beobachtung der beiden, vergilbt im selben Maß, wie die Gegenwart vergeht, in der sie entstand. Eines ist es, sagt Knausgård, das Geschehene zu übersetzen in Text, ein anderes aber zu erreichen, daß das Übersetzte nicht nur gebannt, sondern auch lebendig bleibt. So macht der Narziß, der sich selbst medial bespiegeln will, am Ende die schmerzhafte Erfahrung, daß er sich in seinen eigenen Texten irgendwann nicht mehr erkennt.

Das ist notwendigerweise so, weil Literatur kein Spiegel ist. Mimesis ist das zentrale Problem, nicht die Lösung realistischen Erzählens. Auf diese entscheidende Frage realistischen Erzählens aber hat Knausgård keine Antwort.

Georg Lukács, der gerade erst Mitte zwanzig ist, als er 1911 *Die Seele und die Formen* publiziert, stellt darin diese Frage in größter Klarheit: Wie ist es möglich, die Welt *so zu begreifen, daß nicht alles heutige Leben herausfließe? Ist es möglich, die morgen vielleicht nicht mehr bestehenden Farben, den Duft und den Blütenstaub unserer Augenblicke auf ewige Zeit haltbar zu machen?* Allen großen Kunstwerken gelingt dies. Mag die Zeit über ihre Themen ebenso hinweggehen wie über die Moden ihrer Möblierung, gelingt es ihnen doch, so lebendig zu bleiben, als wäre der Firnis auf diesen Fenstern in eine ferne Zeit noch immer nicht trocken. Was dies ermöglicht, nennen wir Form. Aber was ist die Form eines Kunstwerkes? Und was an der Form ist dafür verantwortlich und auf welche Weise, das jeweils kontingente Material derart zu verwandeln, daß es immer wieder von neuem neu zu sein in der Lage ist?

Form, so Lukács, tut dies, indem sie der Sentimentalität begegnet: *Sehnsucht ist immer sentimental.* Es ist diese Sehnsucht, die mich ergreift, wenn ich den schwarzen Sarg des iPhones öffne. Sentimental daran ist, daß ich versucht bin, meine Erinnerungen gegen die Gegenwart des Todes abzudichten.

Und muß doch ganz im Gegenteil dieses Gesicht beschreiben, um es nicht an die Sentimentalität zu verraten. Muß sehen, was diese Frau, die ich einmal geliebt habe, nun als Tote ist. Muß ihre Züge betrachten und, wie John Berger sagt, die Geschichte und die Erfahrung spüren, *which had made them as they were.* Und die auch mich geformt haben, denn ihre Liebe war es, die jenen magischen Kreis um uns beide schlug, in dem ich zu schreiben beginnen konnte. Nun betrachte ich ihre Züge und registriere die Spuren des Alters, doch immer wieder schlägt das Mädchengesicht meiner Erinnerung durch, als lägen zwei Bilder übereinander. Welches ist das wirkliche? Was hat meine Erinnerung mit der Gegenwart des Todes zu tun? Das blaue Aderngeflecht dicht unter der Haut der Schläfe, dort, wo der Kopf wie schlafend beiseite gesunken auf der Lehne eines Sofas oder Sessels liegt. Einen Moment lang kommt es mir vor, als breiteten sich diese blauen Wurzeln des Todes auf dem Photo weiter aus, so schlecht ertrage ich die endgültige Bewegungslosigkeit. *Die Form*, sagt Lukács, *ist die Überwindung der Sentimentalität; in ihr gibt es keine Sehnsucht und kein Alleinsein mehr; Form werden ist die große Erfüllung von allem.*

Das ist ein Satz des Trostes. Um zu verstehen, warum er dies tatsächlich und nicht nur für mich ist, gilt es Lukács' Formbegriff in seiner ganzen Vielfalt und Lebendigkeit zu begreifen. Künstlerische Formen sind für ihn keine Gefäße, die sich unterscheiden wie Vasen, in die der Autor seine Blumen stellt. Inhalte werden nicht durch eine Form, sondern als Form ausgedrückt, und der Impuls des Ausdrucks verwandelt sich, indem er die Form erst bildet, in welcher er erscheint. Form ist insofern die Vermittlung von Subjektivität in jene objektive Gestalt, die sie im Wortsinn er-füllt und dabei ver-formt. Weder ist sie ein Werkzeug noch ein bloßes Transportmittel des Ausdrucks, sondern die Möglichkeit, einen Zugang zur Realität zu gewinnen, indem sie das absolut Innerliche übersetzt. Es ist für Lukács *die Form der einzige Weg des Absoluten im Leben.*

Einerseits also der Weg des Subjektiven ins Objektive, betont Lukács andererseits, Formen, die sich erfüllten, seien stets zeitliche. Das ist die Doppelgesichtigkeit jedes Kunstwerkes, objektivierender Ausdruck und ins Lebendige schießende Ewigkeit. *Kunst,* antwortet Lukács also Knausgård, *ist: Suggestion mit Hilfe der Form.* Und er findet für die Weise dieser Formsuggestion ein großartiges Bild: Die Form ist eine Geste. *Die Geste ist der Sprung, mit dem die Seele,* so Lukács, *die immer relativen Tatsachen der Wirklichkeit verläßt, um die ewige Gewißheit der Formen zu erreichen.* Sie ist vergängliche, tatsächliche Setzung an der Grenze von Leben und Zeichen, Zeichen des Körpers und Zeichen am Körper zugleich. In ihr klärt und entpersönlicht sich das Tun zum Lesbaren, das heißt zum reproduzierbaren Ausdruck, der uns in die Lage versetzt, von dem abzusehen, der die Geste vollführt. Sie ist ein *Paradox: der Punkt, in dem Wirklichkeit und Möglichkeit sich schneiden, Materie und Luft, Endliches und Unbegrenztes, Form und Leben.*

Der Roman ist Geste in diesem Sinn. Eine Geste, die ins Nirgendwo einen ästhetischen Raum zeichnet, nicht durch tradierte Formen gebildet, sondern hergestellt durch nichts als einen Schnitt in die Welt, der ein Innen und ein Außen erzeugt. Innerhalb dieser Grenze tritt alles, was erzählt wird, miteinander in Beziehung, löst so die Linearität der Erzählung auf und versetzt das Erzählte durch wiederkehrende Motive und Assonanzen, Wiederholungen und Verweise in einen Schwebezustand. Das Schreiben von Romanen ist zugleich Denkungsart wie Fortbewegungsweise, wobei diese Bewegung keine Richtung hat, sondern sich selbst ständig zuwiderläuft, wie die Fäden eines Netzes einander zu widersprechen scheinen.

Was also, noch einmal, ist das weiße Blatt? Erstens: Das weiße Blatt gibt es nicht. Zweitens: Das weiße Blatt ist ein Raum. Drittens: Die Gestalt dieses Raums bestimmt jene Geste der Form, die den Tod ausschließt und so unsere Sehnsucht stillt. *Jemand stirbt*, schreibt Georg Lukács, *und, ihres Inhalts beraubt, stürzen die Träume, die um ihn gestellt waren, in sich selbst zusammen.* Ich öffne den schwarzen Sarg meines iPhones ein letztes Mal und betrachte noch einmal das Bild der Toten. Kostbarste Erinnerung: Die rosenrote Dämmerung nach jener Nacht, die für uns beide die allererste war, hoch oben im neunten Stock eines Hochhauses mit Blick über das Lahntal. Und wie dann das Licht den stumpfen Nachthimmel mit einem Mal glänzend überzog mit allen Farben und wie die Gesänge der Vögel aus der Stille auftauchten und dann ihre Hände und ihr Mund aus dem Dunkel. Jede Zärtlichkeit ist Geste. Meine Zunge ist belegt mit Sprache. Wenn ich mich recke, wenn ich mich strecke, wenn ich die Arme ausbreite, tanzen an meinen Fingerspitzen die Elmsfeuer der Literatur.

John Berger: *Berger on Drawing*. Cork 2005. | Thomas David: *»Der Verfasser dieser Bücher ist tot«. Karl Ove Knausgård und sein radikales Romanprojekt »Mein Kampf«*. Neue Zürcher Zeitung, 26.10.2015. | Marie Calloway: *Es hat echt überhaupt nichts mit dir zu tun*. Aus dem Amerikanischen übersetzt von Jenny Merling. Berlin 2015. | Tao Lin: *Taipeh*. Aus dem Amerikanischen übersetzt von Stephan Kleiner. Köln 2014. | Tomas Espedal: *Gehen oder die Kunst, ein wildes und poetisches Leben zu führen*. Aus dem Norwegischen übersetzt von Paul Berf. Berlin 2011. | http://www.rollingstone.com/culture/slender-man-from-horror-meme-to-inspiration-for-murder-w432163. | http://www.newsweek.com/2014/08/22/girls-who-tried-kill-slender-man-264218.html. | Georg Lukács: *Die Seele und die Formen. Essays*. Bielefeld 2011.

MARSYAS

Was entziehst Du mir selber mich? fragte einmal einer und erhielt darauf seinerzeit ebensowenig eine Antwort wie ich von Dir. Auch ansonsten war alles wie jetzt hier zwischen uns, nur daß damals das Publikum nicht schwieg wie Du, sondern jammerte und wehklagte. Denn während der Frager seine Frage – *Was entziehst Du mir selber mich?* – herausbrüllte und schrie, machte sich ein Gott, es war Apoll, oder vielleicht waren es auch seine Helfershelfer, barbarische Skythen aus dem Norden, die Quellen sind sich da uneins, wortlos und schweigend daran, dem Frager die Haut vom Leib zu schälen. Und schreiend fragte der Gepeinigte nach dem Sinn der Prozedur.

Quid me mihi detrahis? lautete die Frage übrigens im Original, und das ist entschieden gewalttätiger als unsere Übersetzung, denn *detrahere* kann vieles sein: *absetzen, entreißen, herunterreißen, niederreißen, wegziehen, abziehen, entziehen, herabziehen, schmälern, weg-*

schleppen, aber auch *verleumden, schädigen, erniedrigen.* Was, fragst Du, ist denn das für eine furchtbare Geschichte? Vom Hautabziehen, von Göttern und von unbeantworteten Fragen? Und was das mit Dir zu tun habe, dem Leser, fragst Du? Mit uns hier? Hab' Geduld und hör' bitte zunächst Ovid:

Kläglich war, sehr kläglich, des Satyrs Marsyas Schicksal,
Der, von Apollo besiegt im Getön des tritonischen Rohres,
Jetzo die Strafe bestand. Was entziehst du mir selber mich? rief er.
Ah, mich gereut's! ah! schrie er, soviel nicht gilt mir das Schallrohr!
Doch wie er schrie, zog jener die Haut ihm über die Glieder;
Und nichts war, als Wunde, zu schaun. Blut rieselte ringsum;
Aufgedeckt lag Muskel und Sehn'; auch die zitternden Adern
Schlugen, der Hülle beraubt, aufzuckende Eingeweide
Konnte man zählen sogar, und der Brust durchscheinende Fibern.

Marsyas also. Was hatte er verbrochen? fragst Du. Das heißt: Du fragst natürlich nicht, denn Du schweigst ja, genau wie damals der Gott. Aber ich vertraue auf Deine Neugier.

Marsyas also, wohl ursprünglich ein Flußgott, war ein Silen oder Satyr, zottelig, bocksfüßig, und stammte aus der Gegend um das phrygische Kelainai, dem heutigen Dinar im Südwesten der Türkei. Das ist die Region der Berggöttin Kybele, der *Großen Mutter*, mit der Marsyas oft in Verbindung gebracht wird und in deren Kult die Flöte eine Rolle spielte. Eine Flöte wie jene, die er eines Tages im Uferschilf fand und auf der er schnell so wunderbar lernte zu spielen, daß er beschloß, Apoll mit seiner Lyra zu einem musikalischen Wettstreit herauszufordern. Der Gott willigte ein und setzte als Preis fest, der Gewinner dürfe nach Belieben mit dem Verlierer verfahren. Ganz so, wie Du es mit jedem meiner Texte tust. *To cut a long story short:* Der Gott gewann, wenn auch weniger durch sein musikalisches Können als durch allerlei Tricks, mit denen er die Jury überzeugte, die aus den Musen bestand, aber sicher ist man sich nicht. Und Apoll häutete, oder ließ häuten, unsicher, auch dies, den Silen.

Das wars. Das ist alles, fragst Du? Ein Künstlerwettstreit, bei dem der Sieger, so sind die griechischen Götter nun mal, den Verlierer grausam mißhandelt? Klar, auf wessen Seite man steht. Es stimmt, so hat man das gesehen. Eigentlich aber geht es in dieser Geschichte um Dich und mich. Weshalb das denn? willst Du wissen. Na, wegen der Flöte doch! Erinnere Dich: *Soviel nicht gilt mir das Schallrohr!* hatte Marsyas geschrien. Klar, sagst Du, der wollte die Wette rückgängig machen, nun, als er zu spüren bekam, welchen furchtbaren Preis Apoll forderte.

Das aber greift zu kurz, denn dieser Satz ist vor allem: Zitat. Die Flöte nämlich hatte Athene erfunden und damit eine nie gehörte, ungeheuer einschmeichelnde Musik. Doch als sie sich selbst beim Flöten im Wasserspiegel eines Sees betrachtete, machte sie eine unliebsame Entdeckung. Ovid läßt die Göttin selbst es erzählen:

Die Musik gefiel, aber ich sah die geschwollenen Backen
in meinem jungfräulichen Gesicht reflektiert im Wasser.
»So viel bedeutet mir die Kunst nicht. Leb wohl, meine Flöte!«
sagte ich
und warf sie weg und sie landete im Ufer des Flusses.

Und dort fand sie dann Marsyas. Ihm war gleichgültig, was Athene so sehr abgestoßen hatte: Die wunderschöne Musik war nur zu dem Preis zu haben, daß der Spieler mit geblähten Backen häßlich aussah. Worin sich zeigt, was wir heute vergessen haben, nämlich der Unterschied zwischen der Kunst und demjenigen, der sie herstellt. Das Ideal der aristokratischen griechischen Kultur war der freie Mensch, den keine Tätigkeit zu sehr beanspruchte, und dieses Ideal bestimmte auch die griechische Vorstellung von der Schönheit ihrer Götter. Ihre Attraktivität affiziert uns noch heute. Die Schönheit Apolls trübt auch unser Urteil noch, wenn wir auf den unzähligen Darstellungen des Mythos den Gott und Marsyas betrachten: Fast kann man Apoll nicht böse sein für seine barbarische Grausamkeit, die eben nicht barbarisch, sondern notwendig wirkt durch seine Schönheit. Egal, wie schön die Flöte des Marsyas klang.

Apoll ist ein seltsamer Gott. Bitte versuch' doch für einen Moment, Dich in ihm zu spiegeln, Dir vorzustellen, er zu sein. Jeder Leser ist doch ein Gott. Und Apoll ist vieles, Gott des *logos*, Gott der Musik, Gott auch des Wettkampfes, und seine unterlegenen Gegner verloren nicht selten ihr Leben. *Apollon Deiradiotes*, der Fellabzieher, Halsabschneider, ist er dann, und die Idee eines *dunklen*, eines *wölfischen* Apolls begegnet uns im Briefwechsel von Thomas Mann mit Karl Kerényi. Aber er ist auch *Apoll der Scheinende*, Gott der Illusionen und Fiktionen, und zugleich Deuter der Träume, Gott der Prophetie. Seine Attribute Lyra und Bogen berühren und treffen aus der Ferne. Letztlich ist er das erkennende Subjekt selbst, das sich die Welt auf Abstand hält, um klar zu sehen.

Erkennst Du Dich darin nicht wieder? Was überlegst Du? Stellst Du Dir meine geblähten Backen vor? Kann es sein, daß Du mich häuten möchtest, um einen Sinn hierin zu finden? Du protestierst? Das sei geschmacklos?

Es hat der Wettstreit des Gottes mit dem Silen unzählige Deutungen erfahren, doch seltsamerweise hat gerade jener Aspekt des Mythos, der mich jetzt besonders interessiert, keine Beachtung gefunden. Daß nämlich diese Geschichte vom Verhältnis zwischen Öffentlichkeit und Intimität erzählt. Sieh doch: Da ist zunächst diese Flöte, deren Klang Athene nur so lange wunderbar vorkam, solange sie allein war und niemand sie bei ihrem Spiel betrachtete. Dann ist da dieser Silen, in den Binsen zu Hause, im Verborgenen, der mit seinem Flötenspiel nur sich selbst und dann den Bauern und Nymphen aus der Umgebung gefiel und den eben dieses Spiel dann in das führte, was bei den Griechen der Inbegriff von Öffentlichkeit war: in einen Wettkampf. Und schließlich ist da dieser Gott, sein Gegner, Gott des Scheins und des fernwirkenden Bogens, der wie kein anderer diese Öffentlichkeit verkörpert. Jede Kunst entsteht stets im allerintimsten Raum, in eben jenem einsamen Schilfgürtel, der das Leben des Künstlers ist, und muß diesen Raum notwendig verlassen, sobald sie an sich selbst Geltung erlangt. Und damit komme ich nun, endlich, zu Dir.

Marsyas, schreibt Franz Fühmann in einem Brief, *ist die Problematik des Sich-Entblößens; wenn man schreibt, in der Öffentlichkeit als Schreibender steht, wird einem die Haut abgezogen, das wissen Sie so gut wie ich. Nun gibt's exhibitionistische Naturen, denen das Lust be-*

reiten mag; ich gehöre nicht zu ihnen, für mich ist es qualvoll, von mir zu reden, doch ich muß es tun. Von Fühmann stammt eine Marsyas-Erzählung, die in der DDR im Umfeld der Ausweisung von Wolf Biermann entstand, nicht zufällig fast zur selben Zeit wie *Der Zweikampf* von Thomas Brasch. Beide Autoren lesen den Mythos auf die Künstlerproblematik hin und identifizieren dabei den Gott mit der Macht des Staates. Auffallend ist jedoch, welche ganz unterschiedlichen Konsequenzen sie daraus erzählerisch ziehen.

Bei Fühmann bewahrt Apoll selbst unter den Verhältnissen der Diktatur seine Ambivalenz, in der das, was er dem Silen antut, auf eine unerklärliche Weise gerechtfertigt bleibt. Sein Text ist das späte Echo auf eine neoplatonische Deutung, die den Mythos seit der Renaissance begleitet, wonach die *Schindung selbst ein dionysischer Ritus war, eine tragische und qualvolle Reinigung, durch die alle Häßlichkeit des äußeren Menschen abgestreift und die Schönheit seines inneren Selbst enthüllt wurde.* Kafkas *In der Strafkolonie* erzählt die Obszönität exakt dieser alten Vorstellung an ihr Ende. Mir schaudert vor ihr. Vor einer Bejahung der grundlosen Bestrafung, einer Zustimmung zur Grausamkeit des schweigenden Gottes. Wie wohl auch Thomas Brasch, der wie wenige Schriftsteller an der Öffentlichkeit litt und dessen Marsyas sich vielleicht gerade deshalb dem Zweikampf zu verweigern sucht, immer wieder.

Braschs Marsyas weiß, der Wettkampf bedeutet den Eintritt in eine Sphäre, in die er nicht gehört, im Scheinwerferlicht des Lichtgottes hat der Silen keine Chance. Verzweifelt appelliert er an Apoll, Kunst habe mit Wettkampf nichts zu tun. Doch umsonst. Auch Brasch gelingt es nicht, den Gott zu erweichen. Denn Apoll ist gar kein Künstler. Man sieht es daran, wie sein Sieg zustande kommt. Er gewinnt nicht durch seine Virtuosität auf der Lyra, sondern dadurch, daß er von Marsyas etwas verlangt, was dessen Flöte im Gegensatz zu seinem eigenen Instrument nicht leisten kann: Er soll sie umdrehen, von der anderen Seite spielen und dabei singen. Ein Taschenspielertrick. Doch so sehr wir uns über seinen Trick empören, goutieren wir ihn doch zugleich als Schlauheit und akzeptieren, trotz allen Mitleids für den betrogenen Marsyas, Apolls Sieg. *The winner takes it all.* Es ist das Schicksal jeder Kunst, die in der Öffentlichkeit erscheint, im Wettbewerb sofort überboten zu werden. Denn sie erfüllt und erschöpft sich in ihrem Erscheinen.

Aber weshalb sind wir überhaupt hier? fragst Du, wenn ich das doch weiß. *Für mich ist es qualvoll, von mir zu reden,* schreibt Fühmann, *doch ich muß es tun.*

Weshalb? fragst Du wieder. Um das beantworten zu können, müssen wir zuletzt verstehen, wer Marsyas eigentlich ist. Ich glaube, er ist mehr als ein Künstler. Vielmehr: An Marsyas zeigt sich, daß ein Künstler mehr ist als wir heute meinen.

So, wie uns die Schönheit des Gottes seine Grausamkeit übersehen läßt, verdeckt die pittoreske Gestalt des Silens, daß auch Pan, zu dem er gehört, ein bedrohlicher Gott ist. Immer, ob im nächtlichen Heerlager vor der Schlacht, dessen Schrecken nach ihm benannt ist, oder im leeren, heißen Mittag, der seine Stunde war, bedeutete sein Erscheinen eine Bedrohung der Zivilisation, von Vernunft und Selbstbeherrschung. Nietzsche spricht hinsichtlich des Dionysischen von einer *abscheulichen Mischung von Wollust und Grausamkeit.* Pan war fähig, die dünne Haut des Subjekts zu zerstoßen, mit dem Rausch, mit der Angst. In Pans Wut und Ekstase lauerte die Barbarei. Weshalb Platon die Flöte in seinem *Staat* mit dem ausdrücklichen Hinweis auf den Wettstreit von Marsyas und Apoll aus der idealen Stadt verbannte und Aristoteles sie in seiner *Politeia* ächtete. Sie errege die Gemüter, statt sie zu unterrichten. Sie verunmögliche das Sprechen. Worauf Apolls Sieg beruhte. Denn sein Sieg ist ein Sieg des Sinns über die Sinne.

Wie Adorno in der *Dialektik der Aufklärung* am Beispiel des Odysseus zeigt, der sich an den Mast fesseln ließ, um die Sirenen hören zu können, ohne von ihnen ins Verderben gelockt zu werden, sind solche Siege, die in die *Urgeschichte der Subjektivität* selbst gehören, Sinnbild der Distanzierung von jeder betörenden, überwältigenden Kunst. Jedes Urteil ist eine Genugtuung für den Urteilenden. In jedem *Ich mag das* triumphiert vor allem das *Ich*. Indem er Marsyas vorführt, düpiert, fesselt, häutet, die Eingeweide herausreißt und ihn antwortlos zurückläßt, tut Apoll mit diesem dämonischen Halbgott das, was wir mit der Kunst tun, die wir zu begreifen suchen.

Er werde ihn ergründen, antwortet Apoll bei Fühmann auf die Frage des Marsyas, was er mit ihm vorhabe.

Ihn, Marsyas?
Ihn.
Ihn ergründen?
Ergründen.
Großäugiges Aufstaunen: Wie das geschehe?
Durch Ergründen, erwiderte der Gott: Er werde den Ort seiner Seele suchen.

Folternd stellte Apoll sodann dieselben Fragen, die Du schweigend mir stellst: Was ist das Thema dieses Textes? Wie schreibst Du? Was bedeutet Dein letzter

Roman? Das Ziel ist heute wie damals dasselbe: den Sinn freizusetzen, als ließe das Werk sich anstechen, damit er herausfließt wie das Blut aus Marsyas' geschundenem Leib und ein Fluß der Rezeption daraus entspringe. Wobei auch hier die Überlieferung schwankt. Bei Hygin entsteht der Fluß Marsyas aus dem Blut des Silens, bei Ovid aus den Tränen der Zuschauer:

Aber das fruchtbare Land empfing die fallenden Tränen,
Durchgenetzt, und trank sie hinab in die innersten Adern:
Wo sie, zu Wasser geseigt, aufquellen an freiere Lüfte.
Jäh zu dem stürmischen Meer, im Hang abschüssiger Ufer,
Rollt der Marsyasstrom durch Phrygia lautere Wellen.

Damit endet diese alte Geschichte. Wir aber sind noch nicht am Ende mit ihr, denn das Bild des Opfers und der Apotheose wird Marsyas nicht gerecht. Und wir hatten uns doch vorgenommen, auf unsere Weise zu ergründen, wer der Silen eigentlich sei.

Was fehlt denn jetzt noch? willst Du wissen. Die Wahrheit. Es erzählt der Kampf zwischen Marsyas und Apoll von den Gefährdungen des Künstlers in der Öffentlichkeit und von der Grausamkeit der Kritik, doch er erzählt auch davon, daß ein solcher Kampf bei den Griechen stets einer um Wahrheit war. Und überraschenderweise ist es tatsächlich Marsyas und nicht, wie man meinen könnte, der Gott des *logos*, der die Frage nach der Wahrheit aufwarf. Nur hatten die Griechen einen anderen Begriff von ihr.

Wahrheit war den Griechen etwas, das immer schon feststand, sich aber verbarg. Sie konnte nicht produziert werden, wie wir heute Erkenntnis produzieren, es galt sie zu enthüllen. Häutung scheint da das Mittel der Wahl. Zumal der Silen zu einer Reihe mythologischer Gestalten gehört, denen man ein ursprüngliches Wissen nachsagte, eine Weisheit, die sich nicht diskursiv mitteilte, sondern: als Rätsel. Als etwas also, das einer Lösung bedurfte. Und die griechische Vorstellung von der Erlangung einer solchen Lösung war wiederum ein Wettstreit wie jener des Ödipus mit der Sphinx, die sich, als er ihre Frage beantwortete, zu Tode stürzte. Gerade der Künstler also, der sich in unserer Lesart des Mythos als so ungeeignet für den Wettstreit erwies, benötigt die agonale Auseinandersetzung, damit eine Wahrheit freigesetzt werden kann, die er anders auszusprechen nicht vermöchte.

Das glaubst Du wirklich? Jede Lektüre ein Zweikampf? Wirklich? Du siehst mich ungläubig an. Ja. Kunst ist weder autonom, noch ist ihr Anspruch auf Wahrheit dispensiert. Wie von allem Anfang an entsteht sie agonal zwischen mir und Dir. Jeder Schriftsteller weiß, daß er sich in seinem Text ausliefert, und jeder Leser kennt doch die Lust, den Text zu zergliedern, um ihn ganz zu begreifen. Beides ist notwendig aneinander gebunden. Es rührt die Lebendigkeit des Textes von der Macht des Lesers her, ihn zu Tode zu bringen.

Was daran Wahrheit heiße? Indem der Marsyas-Mythos uns das Rätsel einer sinnlosen Tortur aufgibt, erzählt er von den Notwendigkeiten des Erscheinens von Kunst. Franz Fühmann findet dafür ein ergreifendes Bild. Als alles vorüber ist und der zerstörte Leib des Silens sich schon zu verwandeln beginnt – in einen Fluß, ein Sternbild, einen Kadaver, wer weiß das schon? –, läßt er den Gott einmal den Gehäuteten berühren, ein einziges Mal. *Apollon, der Reinste der Reinen, rührte die Haut an, mit einem Tupfen des Fingers, mit dessen Hülle, und die Haut zerklaffte bei seiner Berührung, aber auch diese Stelle schloß sich. Der Herr des Delphischen Orakels spricht nicht und schweigt nicht, er bedeutet.* Bedeutung und Berührung werden hier eins. Das ist das Telos der Haut. Novalis sagt: *Der Sitz der Seele ist da, wo sich Innenwelt und Außenwelt berühren. Wo sie sich durchdringen, ist er in jedem Punkte der Durchdringung.* Nicht in der Tiefe wird man fündig. Wenn es tatsächlich die Seele war, die Apoll suchte mit seinem Messer, hatte er sie in jenem Moment längst schon gefunden.

Die Deutung, die Häutung, produziert die Schuld des Folterers, und diese Schuld zieht ihn in das Leid hinein, das er erzeugt. Die Schuld des Lesers ist die Wahrheit des Textes.

Ovid: *Metamorphosen.* In der Übertragung von Johann Heinrich Voß. Mit den Radierungen von Pablo Picasso und einem Nachwort von Bernhard Kytzler. Frankfurt am Main 1990. | Thomas Mann und Karl Kerényi: *Gespräch in Briefen.* Zürich 1960. | Franz Fühmann: *Briefe: 1950–1984.* Rostock 1994. | Thomas Brasch: *Der Zweikampf.* In: *Vor den Vätern sterben die Söhne.* Berlin 1977. | Edgar Wind: *Heidnische Mysterien in der Renaissance.* Aus dem Englischen von Christa Münstermann unter Mitarbeit von Bernhard Buschendorf und Gisela Heinrichs. Mit einem Nachwort von Bernhard Buschendorf. Frankfurt am Main 1981. | Franz Kafka: *In der Strafkolonie.* In: *Sämtliche Erzählungen.* Frankfurt am Main 1970. | Friedrich Nietzsche: *Die Geburt der Tragödie aus dem Geiste der Musik.* Stuttgart 1976. | Platon: *Der Staat. Über das Gerechte.* Übersetzt und erläutert von Otto Apelt. Hamburg 1961. | Max Horkheimer und Theodor W. Adorno: *Dialektik der Aufklärung. Philosophische Fragmente.* Frankfurt am Main 1969. | Franz Fühmann: *Marsyas. Mythos und Traum. Die Griechen.* Leipzig 1993. | Novalis: *Das dichterische Werk, Tagebücher und Briefe.* München 1978.

PARIS

Mitten aus einem Flüchtlingstreck, der über die dünn verschneiten Felder Mazedoniens einer Grenze entgegenzieht, mitten aus einem Wald der Parolen über den marschierenden Köpfen in Dresden, mitten aus der feiernden Menge am Bahnhof der heiligen Stadt Köln tauchen plötzlich aus der Tiefe der bundesrepublikanischen Vergangenheit seit Jahrzehnten vergessene Terroristen auf, überfallen auf einem Supermarktparkplatz einen Geldtransporter und verschwinden so schnell und stumm, wie sie aufgetaucht sind, wieder aus dem Licht der medialen Gegenwart. In die Dunkelheit welcher Realität? Nichts ist sicher. Das maliziöse Lächeln des Sturmtruppführers Baader dort auf der Anklagebank und wie er sich jetzt dem Leutnant Jünger zuwendet! Ganz dasselbe jungenhafte, knochige Gesicht, dieselben lachenden Augen, dieselben vollen Lippen, derselbe feine Schädel. Baader verdeckt seinen Mund mit der Hand und flüstert

Jünger etwas zu. Wie gut er aussieht! Das hatte ich ganz vergessen. Jünger steht ihm in nichts nach, und man sieht, beide wissen und genießen es. Jünger lacht und entgegnet etwas, und Baaders Blick wandert, während er zuhört, durch den Raum. Und jetzt entdeckt er mich, und sein Blick fixiert mich überrascht. Währenddessen Feuergefechte um den Flughafen von Donezk. Die Front rückt näher. Wo ist die Literatur, wenn man sie braucht? Pour le Mérite. *Ohne Grenzen wäre ich ein Engel, oder ein Ozean / So aber bin ich ein Mensch,* dichtet Aleš Šteger. Am 7. Januar 2015 dringen zwei maskierte Täter in die Redaktionsräume der Zeitschrift *Charlie Hebdo* in Paris ein und töten elf Menschen.

Wir täuschen uns, wenn wir Paris für eine Stadt aus einem Film von Woody Allen halten. Wir mögen unserer Herkunft müde sein, doch daß dort, wo die Literatur einst erstmals das moderne Leben in der europäischen Großstadt feierte, der Terror dieses Leben in der Moderne nun bedroht, muß uns daran erinnern, wofür Paris noch immer steht. Deshalb ist das Erscheinen von Michel Houellebecqs Roman *Unterwerfung* an eben jenem 7. Januar 2015 in Paris ein Punktum von literarischer Bedeutung.

Was haben Sie an dem Tag empfunden?

Anfangs war ich ungeheuer wütend. Und traurig, sehr traurig.

Man könnte Sie für einen Hellseher halten. Auch in Ihrem Roman gibt es blutige Anschläge, einen grausamen Bürgerkrieg in Paris.

Ja, es gibt im Roman einen kleinen Krieg. Er nimmt den Bürgerkrieg, der in Frankreich gerade beginnt, vorweg.

Das Attentat in Paris ereignet sich genau siebzig Jahre, nachdem Karl Popper den Grundkonflikt der westlichen Gesellschaft als einen Konflikt zwischen der Sehnsucht nach einem *verlorenen Gruppengeist des Stammes* und der Sehnsucht nach Freiheit beschrieben hat. *Wir können niemals zur angeblichen Unschuld und Schönheit der geschlossenen Gesellschaft zurückkehren. Unser Traum vom Himmel lässt sich auf Erden nicht verwirklichen. Wenn wir erst mit der Unterdrückung von Vernunft und Wahrheit beginnen, dann müssen wir mit der brutalsten und heftigsten Zerstörung all dessen enden, das menschlich ist. Es gibt keine Rückkehr zu einem harmonischen Naturzustand. Wenn wir uns zurückwenden, dann müssen wir den ganzen Weg gehen – wir müssen zu Bestien werden. Wenn wir Menschen bleiben wollen, dann gibt es nur einen Weg, den Weg in die offene Gesellschaft.*

Doch die Frage nach der offenen Gesellschaft ist heute eine nach der digitalen Welt, denn es sind deren Usancen, die für viele Menschen zum *script* ihrer eigenen Sozietät geworden sind. So kündigt die gefeierte Anonymität im Netz jene Dialektik von Individualität und Kontrolle auf, die das Zentrum bürgerlicher Öffentlichkeit bildete. Es geschieht dies einer Freiheit willen, die zu den Gründungsmythen des Internets gehört und zu deren Symbol die Maske Guy Fawkes geworden ist und die doch tatsächlich religiöser Unterwerfung gleicht. Technologiemystizismus und religiöser Fanatismus treffen sich in der Abwehr des europäischen Menschenbildes. In seinem Urteil über das Verbot der Burka in Frankreich entschied der Europäische Gerichtshof in einer Abwägung des Persönlichkeitsrechtes auf Verhüllung gegen ein Recht auf Öffentlichkeit, daß die Burka den Respekt für die Mindestanforderung gesellschaftlichen Lebens vermissen lasse, zu wissen, mit wem man es zu tun hat. Mit der Teilhabe an der offenen Gesellschaft, heißt es in dem Urteil, gehe eine Verpflichtung einher. Diese Verpflichtung jedoch wird von einem immer größeren Teil der Gesellschaft abgeschüttelt, denen digitale Räume die Agora ersetzen. Das ist fatal, denn der antike Marktplatz war nicht wie das Theater oder das Gymnasium ein Ort, zu dessen Besuch man sich entschließen konnte, sondern als doppelter Ort politischer Verantwortung und ökonomischer Realität im wahrsten Sinne des Wortes unumgänglich. Wenn es diesen alternativlosen Raum aber nicht mehr gibt, hat die Gesellschaft keine Gelegenheit mehr, ihre Gegner in der Arena der Öffentlichkeit zu stellen und sich so als demokratisches Gemeinwesen immer neu zu begründen.

Zum Verständnis des Terrors gehört, daß er beide Räume, Virtualität und Realität, virtuos kurzschließt und so jene Explosionen und Erschütterungen erzeugt, die er beabsichtigt. Er erzeugt aber so auch jene, die ihn erzeugen. Und das ist nicht neu. *Im Schoße versponnener Kultur lebten wir zusammen,* schrieb Ernst Jünger 1922 im Nachdenken über die Vorkriegszeit, *enger als Menschen zuvor, in Geschäfte und Lüste zersplittert, durch schimmernde Plätze und Untergrundschächte sausend, in Cafés vom Glanze der Spiegel umstellt, Straßen, Bänder farbigen Lichtes, Bars voll schillernder Liköre, Konferenztische und letzter Schrei, jede Stunde eine Neuigkeit, jeden Tag ein gelöstes Problem, jede Woche eine Sensation, eine große überdröhnte Unzufriedenheit am Grund.* Hier, in der Schilderung des frisch aus dem Krieg heimgekehrten Jünger, mag man eine gültige Erklärung der Gewaltlust des Terrors finden, so obszön sie auch anmutet: Sie ist Entschädigung für die Zivilisation selbst. *Das zeigte sich,* so Jünger, *als der Krieg die Gemeinschaft Europas zerriß, als wir hinter Fahnen und Symbolen, über die mancher längst ungläubig gelächelt, uns gegenübertraten zu uralter Entscheidung. Da entschädigte sich der Mensch in rauschender Orgie für alles Versäumte.*

Es ist diese Lust an der Entschädigung für die Säkularisierung damals wie heute auch ein Jugendphänomen. Stefan Aust spannt den Bogen zur Gewaltästhetisierung im Umfeld der RAF, Oliver Roy fragt, ob es wirklich der Islam sei, zu dem sich jugendliche Terroristen bekennen, oder *nicht vielmehr die Religion der Ego-Shooter,* und Guillaume Paoli sieht im Dschihadismus Codes und Gesten der Jugendkultur am Werk, Elemente des Gangsta-Rap mit seinem Waffenfetisch und der Einforderung von *Respekt.* Der digitale Raum ist nicht die Rückzugssphäre des Terrors, es ist der digitale Raum selbst, der den Terror hervorbringt: *In dieser Hinsicht ist der Dschihad vollkommen in die westliche Moderne integriert.* Ein Abbild des Jüngerschen Sturmtruppführers flackert über die Bildschirme, das Grinsen von Andreas Baader, doch die Dimension der medialen Überwölbung ist eine andere. *This is our call of duty and we respawn in Jannah,* zitiert Guillaume Paoli einen IS-Kämpfer: *Call of Duty* ist der Name eines

Ego-Shooters, *Jannah* das arabische Wort für Paradies, aber *respawn*? Was heißt das? *Wird ein Spieler von einer gegnerischen Figur getötet, hat er die Möglichkeit, wieder einzusteigen. Er respawnt – wie auch der Selbstmordattentäter, der den eigenen Tod als bloße Etappe im Dschihad-Parcours betrachtet. Das Märtyrertum braucht keinen transzendentalen Glauben, es ist spielimmanent.*

Liest man den Terror derart als Symptom, buchstabiert sich in ihm eine Sehnsucht nach Ordnung aus, die im digitalen Raum, aus dem sie ihre Muster nimmt, für immer unerlöst bleiben muß. Es reduzieren unsere Medien uns auf die Rolle des Zuschauers. Das Theater kannte noch die Dialektik von Beteiligung und Formen des Respekts. Aber es ist sinnlos, der Darstellung auf einem Bildschirm zu applaudieren. Jeder ist vor jeder Leinwand allein. Und wir sind es jetzt auch auf Straßen, Plätzen, Ämtern, in Zügen, im Straßenverkehr. Und die Einsamkeit, in die unser narzißtisches Verhalten uns entläßt, kompensieren wir mit dem Feedback der *social media*. Doch es veröden die realen Räume nicht einfach, sie werden zu bedrohlichen Kulissen. Die Angst zieht in die gesellschaftlichen Ruinen ein. Das Gegenteil der Grenze ist das Liquide, ist die Furcht sich aufzulösen und die Sehnsucht danach. Alles strömt, weil alles zusammenhängt und alle Grenzen längst eingerissen sind – Menschen, Daten, Waren, Geld. Doch mit der Grenzenlosigkeit ist kein Staat zu machen. Die Gletscher und die Flüchtlingsströme schwellen an. Wir werden nicht gläsern, wir werden flüssig. Wo ist das Gefäß, das uns auffängt?

Das Äquivalent des Terrors ist die Tugend. Wo die Explosionen des Terrors die Menschen zerreißt, sucht die Tugend sie berührungslos zu verkapseln. Beides zerstört die Gesellschaft im selben Maß. *Der Etui-Mensch,* schreibt Benjamin, *sucht seine Bequemlichkeit, und das Gehäuse ist ihr Inbegriff. Das Innere des Gehäuses ist die mit Samt ausgeschlagene Spur, die er in die Welt gedrückt hat.*

Jene gepolsterten Etuis aber, die die Leere der gesellschaftlichen Räume kompensieren und die Verflüssigung der ungehaltenen Individuen, die nicht nur vor körperlichen, sondern auch vor intellektuellen und emotionalen Verletzungen schützen, vor Beleidigungen und Traumatisierungen, heißen heutzutage in jenem Milieu, das den Verlust an Differenz ebensosehr propagiert wie offenkundig erleidet, *safe spaces.* Die Angst vor *micro aggressions* und der Zwang zu *trigger warnings* formatieren ein Denken, in dem Zensur und Verdrängung zunehmend legitime Mittel scheinen, eine fragwürdige Vision von Gleichheit zu verwirklichen, in der die Inhalte des Denkens selbst keine Rolle mehr spielen. Doch auch dieser Reinheitsfetischismus ist Jugendkultur, ist der Terror der Roten Garden, und gleicht dem ikonoklastischen Furor aller Zeiten.

Das ist der Prospekt, vor dem Michel Houellebecqs Roman *Unterwerfung* stattfindet. Weder ist er als Angriff auf den Islam zu lesen noch als Satire auf eine saturierte französische Kultur. Der Terror zielt auf eine Sehnsucht in unseren leeren Herzen, und Houellebecqs Roman erzählt von dieser Sehnsucht im Herzen seines Helden François, von jener Schwäche, die unser aller Schwäche ist und deren erzählerische Stärke vom Bekenntnischarakter herrührt, mit dem ihr Autor sie an sich selbst als Erzähler bindet. Es ist Houellebecqs eigene Schwäche und Houellebecqs eigener Verfall, die keinen Raum lassen für poetische Epiphanien, was sie zugleich eben dadurch legitimiert. Darin gleicht er dem Dandy Christian Kracht, der auch immer wieder Unterwerfungsszenarien ausbuchstabiert hat, etwa in *Ich werde hier sein im Sonnenschein und im Schatten* und, am deutlichsten, in *1979*, dessen Protagonist es am Ende dankbar bejaht, in einem chinesischen Umerziehungslager gebrochen zu werden.

Daß Houellebecqs Held Experte für Joris-Karl Huysmans ist, den französischen Dichter der *décadence*, zeigt die ästhetische Herkunft solcher erzählerischer Konstellationen. Dennoch wäre es ganz falsch, die Möglichkeit einer Konversion, wie sie beide Autoren entwickeln, als ästhetizistische Haltung des *ennui* abzutun. Zu hellsichtig, zu produktiv ist ihre Darstellung unserer Entfremdung von jeder Natürlichkeit, unserer Sehnsucht nach Rausch und einem Gefühl von Ewigkeit, unserer Unfähigkeit zu Bindungen in immer neu auszuhandelnden Beziehungen und der Mühen, die diese Verhandlungen kosten, der Traurigkeit unseres Sexus und unseres Leidens an der Unfähigkeit, altruistisch zu handeln, der fiebrigen Wellen der Transzendenzangebote, denen wir folgen, und der unaufhebbaren Tragik unseres Verfalls, des tragischen Triumphes der Jugend und unserer Verzweiflung darüber, daß es uns einfach nicht gelingen will, den Gedanken von Gut und Böse aus der Welt zu bringen.

Fühlen Sie sich dem neunzehnten Jahrhundert besonders nahe?

Ja. Sehr viel mehr als dem zwanzigsten Jahrhundert.

Warum?

Das zwanzigste Jahrhundert hat für mich literarisch gesehen zwei Hauptfehler. Das eine ist der »Nouveau Roman«: formale Experimente zum Ziel von Literatur zu erklären. Damit kann ich nichts anfangen. Für mich erzählt Literatur von der Welt, sie erzählt von etwas und handelt nicht vor allem von der Sprache selbst. Das andere, was ich auch nicht mag, ist, die Literatur in den Dienst eines Engagements zu stellen, so wie es Albert Camus und Jean-Paul Sartre gemacht haben.

Und wie es jetzt auch die französische Schriftstellerin Christine Angot für sich in Anspruch nimmt. Nach der Lektüre Ihres Romans hat sie protestiert: »Die Literatur ist ein Ort der Menschlichkeit und der Nichtunterwerfung.«

Das, was Christine Angot sagt, sagt gar nichts. Es hat nichts zu bedeuten. Ich stehe in einer Tradition des realistischen Romans, in der von Gustave Flaubert und Honoré de Balzac. Im neunzehnten Jahrhundert wird der Roman in Frankreich ja sozusagen geboren. Nach der Revolution begriffen die Schriftsteller zum ersten Mal, daß die Gesellschaft etwas ist, das sich transformiert. Vorher, in der Tragödie und Komödie, war es um die ewigen Dinge gegangen. Balzac ist: sich das Ziel setzen, die Gesellschaft so zu beschreiben, wie sie sich unter den eigenen Augen verändert. Mit den neuen Ökonomien: dem Kapitalismus, der Macht der Bank, der Presse. Die Gesellschaft verändert sich immer noch, so daß die Mission von Romanautoren dieselbe sein kann. Ich berufe mich auf Balzac und Flaubert. Das meine ich, wenn ich sage, daß ich mich dem neunzehnten Jahrhundert nahe fühle.

Doch so sinnfällig es scheint, wie Houellebecq sich auf Balzac und Flaubert beruft und die Literatur an die Revolution rückbindet, mit der zum ersten Mal *die Gesellschaft etwas ist, das sich transformiert,* was die Aufgabe der Schriftsteller bestimmt, sie *so zu beschreiben, wie sie sich unter den eigenen Augen verändert,* so wenig ist dies in Wahrheit Plädoyer für einen planen Realismus. Denn für Houellebecq beschreiben die genannten Transformationen keinen Fortschritt, sondern einen Prozeß der Zersetzung. Die Gegenwart trennt sich dabei von ihrer kulturellen Vergangenheit, die Gesellschaft von der Gemeinschaft, Politik von Wahrheit, Religion von Gott und das Begehren von der Liebe. Für Houellebecq sind es gerade die Ideen der Befreiung, die unsere Gesellschaft in eine Ökonomie des Selbst transformierten, in der das Subjekt verzweifeln muß. Was, in der Logik dieses Autors, den Realismus für immer entwertet.

Das Leben ist schmerzhaft und enttäuschend. Folglich ist es nutzlos, neue realistische Romane zu schreiben, heißt es bereits 1991 in seiner ersten Publikation *Gegen die Welt, gegen das Leben*, einem Essay über H. P. Lovecraft. Verwundert die Begeisterung für den puritanischen Horrorschriftsteller von der Ostküste der USA auf den ersten Blick, zeigt sich doch schnell, was Houellebecq an Lovecraft fasziniert, nämlich sein Talent, im Leser durch eine Privatmythologie Furcht zu erzeugen und jenen Horror, für den er berühmt war.

Sicherlich hoffte Houellebecq, an solche trivialen Erzählmuster selbst einmal literarisch anknüpfen zu können, wenn *sich die morbiden Nebelschwaden der kraftlosen Avantgarden erst einmal verzogen haben werden*, und tatsächlich ist fünfundzwanzig Jahre später das Thema des Romans *Unterwerfung* eines nach Lovecrafts Geschmack: die Kapitulation des Subjekts. Auch bei Lovecraft erweist sich dessen Stärke regelmäßig als Illusion, die zerbricht, wenn jene uralten und bösen Mächte sich enthüllen, deren Erscheinen das Telos seines Erzählens ist. In *Unterwerfung* ist es die theokratische Herrschaft des Muslimbruders Ben Abbes, der François nichts mehr entgegenzusetzen hat.

Für Barbara Vinken erzählt der Roman, wie die Französische *Republik nach einem Bürgerkrieg in eine orientalisch konnotierte Tyrannei kollabiert* und das Land aufgeht in einem *weltumgreifenden islamischen Reich nach dem Modell des augusteischen Imperiums.* Die orientalische Imperiumsphantasie, die damit aufgerufen wird, ist vor der Folie des Lovecraftschen Horrors offenkundig die eines Kontollverlustes. Houellebecq verhandelt in *Unterwerfung* auf virtuose Weise das

Thema der Grenze und ruft dazu den Topos des *inneren Orients* auf, den, wie Barbara Vinken schreibt, *die Moderne zu ihrer Selbstkritik hervorbringt. Besonders eindrücklich geschieht dies in der französischen Literatur des 19. Jahrhunderts. Von Balzac über Flaubert bis zu Zola und Maupassant herrscht im Herzen von Paris, der Hauptstadt der Moderne, eine dekadente, orientalisch-perverse, barbarische Tyrannei.* Es wäre gewiß interessant, hier an das *Innere Afrika* anzuschließen, das bei Wilhelm Raabe in *Abu Telfan oder Die Heimkehr vom Mondgebirge* als ganz vergleichbare Chiffre erscheint, wobei der Unterschied möglicherweise eine ganz charakteristische Differenz französischer und deutscher Imaginationsgeschichte beschreibt.

Das zentrale Thema des Romans ist also die Grenze, und zwar konkret der Diskurs der Grenze in einer prinzipiell grenzenlosen Gesellschaft. Folgt man Herfried Münkler, so ist dieser Diskurs notwendig, weil er die Grenze erst hervorbringt, *welche die faktische Konturlosigkeit des Imperiums kompensieren soll.* Und es ist dieser Diskurs notwendig asymmetrisch, weil das Imperium im Rückgriff auf den antiken Gegensatz von Hellenen/Barbaren ein Außen immer nur als Aberkennung all dessen imaginieren kann, was die eigene Zivilisation bedeutet.

Indem Houellebecqs Roman diesen Diskurs aufruft und tatsächlich auf beiden Ebenen, der inneren und der äußeren, von einem Grenzverlust erzählt, stellt er sich in eine thematische Kontinuität etwa mit Curzio Malapartes lange verbotenem Roman *Die Haut,* aber auch mit J. M. Coetzees *Warten auf die Barbaren,* in dem es um die Angst des Helden geht, selbst *a barbarian in his heart* zu sein – ein Grundmotiv jeder Horrorliteratur. *Warten auf die Barbaren* nimmt seinerseits Motive von Dino Buzzatis Roman *Die Tartarenwüste* auf, aber auch von Ernst Jüngers *Auf den Marmorklippen,* das wiederum sein Echo bei Julien Gracq findet, in *Das Ufer der Syrten* ebenso wie in dem Fragment gebliebenen Roman *Das Abendreich,* aber auch in Pierre Guyotats entsetzlichem *Grabmal für fünfhunderttausend Soldaten.* Am Endpunkt dieses motivischen Stafettenlaufes steht schließlich Jean Raspails jüngst in Deutschland neu erschienener und von rechtskonservativer Seite begeistert rezipierter Roman *Das Heerlager der Heiligen,* dessen Thema, wie Lorenz Jäger es formulierte, *der Ansturm des armen, bevölkerungsstarken Südens auf den reichen, an sich selbst irre gewordenen Norden* ist.

Ein Flüchtlingszug, der über die dünn verschneiten Felder Mazedoniens einer Grenze entgegentrottet.

Berge orangener Rettungswesten auf Lesbos. Feuergefechte um den Flughafen von Donezk. *This is our call of duty and we respawn in Jannah.* Wir werden nicht gläsern, wir werden flüssig. Wo ist das Gefäß, das uns auffängt? *Wir befinden uns vor einem bestimmten Zustand der Geschichte, unserer Geschichte – die dieses »Okzidents«, der zu der über sich selbst erschreckten globalen Maschine geworden ist,* schreibt Jean Luc Nancy. *Es wäre zu einfach, diese Geschichte zu verurteilen, ebenso wie sie rechtfertigen zu wollen. Aber wir können uns auch nicht vor der Frage drücken, ob es möglich ist, sie aus ihrer eigenen Sackgasse zu holen – sei sie nihilistisch, kapitalistisch, islamistisch oder alles auf einmal. Als er über Alarichs Einnahme von Rom sprach, erklärte Augustinus im nordafrikanischen Hippo, wo die römischen Flüchtlinge hinströmten, dass »aus dem gepressten Leib der Geist herausströmen möge«. Wo diesen Geist heute finden?*

Aleš Šteger: *Die Grenze in mir.* Lettre International Winter 2015. Berlin 2015. | Michel Houellebecq: *Unterwerfung. Roman. Aus dem Französischen von Norma Cassau und Bernd Wilczek.* Köln 2015. | Michel Houellebecq: *Der Tod ist nicht auszuhalten. Ein Gespräch in Köln. Interview: Iris Radisch.* DIE ZEIT, 04/2015, 23.1.2015. | Karl Raimund Popper: *Die offene Gesellschaft und ihre Feinde.* In: *Gesammelte Werke in deutscher Sprache, Band 5 und 6.* Tübingen 2003. | Urteil des Europäischen Gerichtshofs: *https://www.ris.bka.gv.at/Dokumente/Justiz/JJT_20140701_AUSL000_000BSW43835_1100000_ 000/JJT_20140701_AUSL000_000 BSW43835_1100000_000.pdf.* | Ernst Jünger: *Der Kampf als inneres Erlebnis.* In: *Sämtliche Werke, Band 7.* Stuttgart 1980. | Stefan Aust: *Jeder Terror hat seine Sympathisanten.* Die Welt, 19.1.2015. |

Olivier Roy: *Who are the new jihadis? Biographies of 'homegrown' European terrorists show they are violent nihilists who adopt Islam, rather than religious fundamentalists who turn to violence.* The Guardian, 13.4.2017. | Guillaume Paoli: *Nächste Runde: Paradies. Ist es wirklich der Islam, zu dem sich jugendliche Terroristen bekennen? Oder nicht vielmehr die Religion der Ego-Shooter und cool geübter Aggression?* FAZ, 18.1.2015. | Walter Benjamin: *Der destruktive Charakter.* In: *Illuminationen. Ausgewählte Schriften I.* Frankfurt am Main 1961. | Christian Kracht: *Ich werde hier sein im Sonnenschein und im Schatten. Roman.* Köln 2008. | Christian Kracht: *1979. Roman.* Köln 2001. | Julia Encke: *Man braucht mehr Mut. Michel Houellebecq im Gespräch.* FAZ, 27.1.2015. | Michel Houellebecq: *Gegen die Welt, gegen das Leben.* Aus dem Französischen von Ronald Voullié. Köln 2002. | Barbara Vinken: *Das vierte Reich. Houellebecq und Europas innerer Orient.* In: *Zeitschrift für Ideengeschichte.* München 2016. | Wilhelm Raabe: *Abu Telfan oder Die Heimkehr vom Mondgebirge.* In: *Werke in vier Bänden, Band II.* München 1962. | Herfried Münkler: *Imperien. Die Logik der Weltherrschaft – vom Alten Rom bis zu den Vereinigten Staaten.* Berlin 2005. | Curzio Malaparte: *Die Haut. Roman.* Aus dem Italienischen von Hellmut Ludwig. Frankfurt am Main 2008. | John Maxwell Coetzee: *Warten auf die Barbaren.* Aus dem Englischen von Reinhild Böhnke. Frankfurt am Main 2001. | Dino Buzzati: *Die Tartarenwüste.* Aus dem Italienischen von Percy Eckstein und Wendla Lipsius, bearbeitet von Julika Brandestini. Berlin 2012. | Julien Gracq: *Das Ufer der Syrten.* Aus dem Französischen von Friedrich Hagen. Stuttgart 1998. | Julien Gracq: *Das Abendreich. Roman.* Aus dem Französischen und mit einem Nachwort von Dieter Hornig. Graz und Wien 2017. | Pierre Guyotat: *Grabmal für fünfhunderttausend Soldaten. Sieben Gesänge.* Aus dem Französischen von Holger Fock. Zürich und Berlin 2014. | Jean Raspail: *Das Heerlager der Heiligen.* Aus dem Französischen von Martin Lichtmesz. Schnellroda 2015. | Lorenz Jäger: *Das schlechte Gewissen können wir kaufen. Ein apokalyptischer Roman, der die humanitäre Illusion zum Platzen bringen wollte.* FAZ, 12.10.2005. | Jean-Luc Nancy: *Das Gewicht unserer Geschichte.* Zuerst: *L'Humanité*, 20.11.2015.

MITSOU

Die unerwartete Pause im Gespräch ist ihm so unangenehm, daß David Bowie sich räuspern muß. Dann sagt er, ohne zu überlegen, und er ist überrascht von der eigenen Stimme, die so hell im Raum zu stehen scheint wie bei einem Teenager: *I always had the impression that back in the '30s it must have been more like a workshop where people were exchanging ideas.* Es bleiben die Künste immer orientiert auf die Zeiten der Kriege, aus denen sie kommen oder die sie erwarten. Gewalt ist ihnen kein Thema unter anderen, sondern das, wogegen sie im Innersten argumentieren. Wie schrieb Wilhelm Raabe nach dem Friedensschluß mit Frankreich 1871? Er hoffe, schrieb er, es beginne nun *eine sehr günstige Zeit für die »Romanschreiber«*. Zwischenkriegszeit.

Balthus scheint die Verlegenheit seines Gesprächspartners nicht zu bemerken. *It was a feeling of a workshop in a way, yes,* entgegnet er mit einem langsamen

Kopfnicken, ohne sein Gegenüber anzusehen. Dann aber kommt sein altes Vogelgesicht triumphierend hoch: *My best friend among the artists was Giacometti.*

Oh yes, of course, stimmt Bowie ihm erleichtert zu.

You have seen my Giacometti?

Yes, I saw it in the other room. You were very close?

We were very close.

How did you think about each other's art? Did you discuss each other's art?

We did sometimes, yes.

Auf dem Gesicht des Malers breitet sich ein Grinsen aus, das nur verrät, daß es etwas verbirgt. David Bowie hat keine Ahnung, was das sein mochte. *You agreed to disagree?* rät er schließlich, ohne eine Antwort zu bekommen.

Es ist der 29. Mai 1994. Ein Sonntag. Das Gespräch zwischen David Bowie und Balthus, das an diesem Tag stattfindet, wird noch im selben Jahr in der Zeitschrift *Modern Painters* veröffentlicht werden, bei der Bowie seit einer Weile mitarbeitet. Zunächst hatte ich mir ausgemalt, daß Bowie an diesem Tag direkt aus London kommt, in Genf landet und dann mit einem Taxi zu dem Maler fährt, doch dann las ich, daß er zu diesem Zeitpunkt schon seit beinahe zwanzig Jahren am Genfer See lebt, erst in einem Haus in Vevey und jetzt in Lausanne, und so stelle ich mir nun vor, wie er am Morgen allein vom See losgefahren ist in seinem eigenen Wagen, und male mir aus, wie er bei Aigle die Autobahn verlassen und sich die Berge hinaufgequält hat, über Leysin hinauf nach Rossinière, die Straße wurde immer steiler, Haarnadelkurven, die sich in schneller Folge mit fichtengesäumten Geraden abwechselten, und schließlich war er froh, endlich im Ort angekommen zu sein.

Das Haus, in dem der Maler lebt, ist nicht zu verfehlen, das Grand Chalet gilt als das größte Holzhaus der Schweiz. Erbaut im achtzehnten Jahrhundert, fünf Stockwerke hoch, hundertdreizehn Fenster, kehrt es eine mächtige Giebelseite zur Straße. Dennoch sehe ich vor mir, wie Bowie unwillkürlich den Kopf einzog, als er über die für die Größe des Hauses absurd niedrige Schwelle trat und in einen schmalen Korridor. Es sei dieser Korridor gewesen, der sie damals quasi umarmt habe, erzählte ihm dabei Setsuko, die Frau des Malers. Es gibt ein Interview, in dem sie diesen schmalen Gang schildert, der, mit grauem Stoff gepolstert, gut zwanzig Schritte ins *Grand Chalet* hineinführt wie ein düsterer Kanal. Ich lasse sie Bowie erzählen, wie sie sich damals zu ihrem Mann umgedreht und gesagt hat: *Hier möchte ich leben!*

Bowie kam das Haus ein bißchen verlebt vor, das helle Holz der niedrigen Decken rauh und trocken, die Dielen knarrten, der Steinboden neigte sich in die Zimmerecken, was – wie ich Bowie, unsicher, ob das vielleicht zu eindimensional sein könnte, gleichwohl denken lasse – zu den verzogenen Perspektiven der Bilder des Malers paßt, von denen, wie er registrierte, keines hier hing. Tatsächlich, erzählte Setsuko, sei der Salon so geblieben wie damals, als das Haus noch ein Hotel gewesen war und sie mit Balthus zum Tee hierher gekommen sei.

Setsuko, die 1962 als Zwanzigjährige in Japan den über fünfzigjährigen Balthus kennengelernt hat, ist eine zierliche Dame im Kimono, den sie an diesem Tag mit einer geradezu aufreizenden Zurückgenommenheit trägt. Auf dem Sofa, auf dem sie jetzt saßen, erzählte sie lachend, hätten allerdings damals alte englische Generäle und russische Tänzer gesessen. Und dann war der Maler plötzlich da, und man wechselte in ein kleines, getäfeltes Eßzimmer, das ein alter Tisch völlig ausfüllte. Es gab Gemüse und gedünsteten Fisch, zuvor eine klare Suppe. Ein philippinisches Hausmädchen trug auf. Einmal legte Balthus Messer und Gabel beiseite, starrte einen Moment vor sich hin und erzählte dann leise, er sei heute morgen sehr früh aufgewacht und gleich ins Atelier gegangen, habe aber nicht arbeiten können. Er habe nur die ganze Zeit auf sein halbfertiges Bild gestarrt und solch ein gewaltiges – er machte eine Pause und suchte nach dem passenden Wort – Gefühl der Ehrfurcht empfunden. Seine Stimme hinterließ, wie ich es mir vorstelle, eine Spur aus Erinnerung, Seligkeit und vielleicht auch Enttäuschung im Raum, und alle drei, der Maler, Setsuko und ihr Gast, waren darin gefangen. *The last legendary painter:* So, wußte Bowie in diesem Moment, würde er das Interview nennen.

Als sie aus dem Eß- ins Wohnzimmer zurückkamen, zog er ein kleines Diktiergerät aus der Tasche, schaltete es ein und legte es zwischen sie beide auf den Couchtisch.

Would you like to talk a little?

Balthus nickte und zündete sich eine Zigarette an. *Yes, we can talk a little.* Bowie registrierte, wie er mit Mühe die Flamme an den Tabak bekam.

At lunch you mentioned Cézanne. He was a particular favourite of your father.

My father, I think he knew him also. He met him.

Is it true that your father likened Piero della Francesca to the Cézanne of the Primitive Renaissance?

Yes, yes, he said to me you ought to study Piero della Francesca because he was the Cézanne of his time.

How did you feel when you first saw the work at Arezzo?

lt was an extraordinary period. But somehow too squashing. I felt more relation to Masaccio.

Have you seen the »Expulsion« since they took away the fig leaves?

Yes, it's beautiful now, no? But what is interesting is that one discovered the influence of Masolino on Masaccio, that one didn't before. Because Masolino was a very great painter.

And to see their works side by side in the church…

Balthus sah Bowie mit einem breiten Grinsen an. *In fact, they put away with the altar which gave no light to the place. When I made my copies, I hardly could see anything.*

Das war der Anfang des Gesprächs. Ich habe seine zeitliche Sukzession verändert, einen kleinen Kreis geschlagen, doch nun sind wir wieder an jenem Moment vom Anfang angelangt, an dem Balthus' langes Schweigen im Raum steht, nachdem Bowie ihn nach Giacometti gefragt hat. Der Blick des Malers tastet aus dem Fenster und über den Himmel hin, und ich lasse Bowie bemerken, wie sehr seine Hände zittern. Ob es stimmt, daß er noch jeden Tag arbeitet? Bowie, stelle ich mir vor, kann den alten Mann nicht anders denn mit Zuneigung betrachten. Balthus drückt eine weitere Zigarette im Aschenbecher aus und sieht ihn an.

But the funny part was that Picasso was always very very anxious. Very anxious and nervous about when he showed a painting.

He got stage fright!

Nun ist es Bowie, der lächelt, erleichtert, daß das Interview noch nicht zu Ende ist. Und dann schießt ihm der Gedanke durch den Kopf, wie seltsam es doch ist, daß sie beide unter falschem Namen leben. Balthasar Kłossowski de Rola und David Robert Jones, geboren im schäbigen Londoner Stadtteil Brixton. *Black Tie, White Noise,* seine Platte vom letzten Jahr, war ein kommerzieller Flop. Kunst ist eigentlich das einzige, was ihn wirklich interessiert. Und seit er begonnen hat, bei Peter Fullers Magazin mitzuarbeiten, sammelt er auch. Er hat einiges von Jean-Michel Basquiat und Romuald Hazoumé, vor allem aber interessiert ihn die aktuelle britische Kunst, Graham Sutherland, Frank Auerbach und Damien Hirst. Wieder muß er sich räuspern.

I've gone back to British art again.

British art. Es dauert einen Moment, bis Balthus aus seinen Gedanken aufgetaucht ist. Er sieht Bowie verständnislos an.

Yes. This century. Twentieth-century British art.

I don't know it.

Nobody does. David Bowie lacht unsicher. Unerwarteterweise muß er an Lindsay denken, an den er wirklich lange nicht mehr gedacht hat, an Lindsays Studio und wie sie vor dem Spiegel übten und wie der Tänzer sich mühte, Bowie eine Leichtigkeit beizubringen, die er nie besitzen würde. Es war heiß. Es war still. Er spürte Lindsays harten Schwanz an seinem Oberschenkel, und dann küßten sie sich. Er ist größer als Lindsay. Sein zartes Gesicht. Die plötzliche Erinnerung ist ein stechender Schmerz. Der Realismus einer Schilderung ist ein Problem der Tiefenschärfe, denn die erzählerische Optik bestimmt, was wir sehen: unscharfe Konturen oder verwirrende Details. Mustererkennung im Dilemma zwischen ungehöriger Vereinfachung und übergroßer Komplexität.

I knew my friend Francis, which I adored.

Bacon?

Francis Bacon was a great friend of mine. But I don't think I like his... I never liked his painting very much.

I think the word »like« is very hard to apply to anything by Bacon. lt's an experience, isn't it?

I liked him so much and it was so sad that he died. For instance I have a horror for dear little Freud who I was shocked to hear that he was seventy now. He was a charming young man which I knew when he came to Paris about 30 years ago, or 20 – I don't remember now. I was really shocked by the last thing I saw. So Berlin painting.

Oh, that's interesting. Bowie muß an Berlin denken und an das kleine Brücke-Museum, wo er so oft gewesen ist. Ich bin mir sicher, daß er in diesem Moment daran denkt. Zwischenkriegszeit.

Berlin in 1920.

The awkward perspective?

But don't you think that Francis did that before? That's the influence of Francis.

Bowie verehrt Lucian Freud zu sehr, um ihn nicht zu verteidigen. *His pigmentation is very strange, it looks almost as though there are growths on … as though some cancer is forming on the skin. There's a shocking feeling to his work.*

Well, I haven't seen the paintings themselves.

They're very odd. The use of paint is most strange. lt resembles a growth of some kind.

Like a growth. Yes. Exactly. That was from where came my repulsion for it – that likeness with growth. That is why I said Berlin in the '20s.

He is now hailed as England's greatest living painter.

He's considered as the greatest …

The art establishment were looking for someone to take over Bacon's crown.

Yes, of course. I don't see any great painters any more. Yourself?

I'm not considering myself as a great painter, I'm considering myself as a craftsman. I don't want to be an artist. I have a horror of the word. So had Picasso by the way. »Je ne suis pas un artiste-peintre«, as he said. The idea of craft is taken away. And what has been given is that strange taste for horror. And who can explain to me from where that comes? That shrinking back from beauty, for instance. If you speak of beauty, you are at once suspected of… kitsch… or I don't know.

Balthus verstummt, als hätte sein Satz sich verlaufen. Interviews können Cassiber sein, können Beichten enthalten, unsichtbar sichtbar untergeschoben der Konvention von Rede und Antwort, doch ich stelle mir vor, daß Bowie in diesem Moment nicht bemerkt, wie Balthus tastend, fragend, über nichts anderes zu sprechen ansetzt als über den neuralgischen Punkt seiner Kunst. Tatsächlich ist der Begriff der Schönheit eine Art Generalschlüssel, der für ihn das Ineinander von Wirklichkeit und Kunst, ihre wechselseitige Beglaubigung gewährleistet. Doch nichts davon begreift Bowie in diesem Moment, man merkt das dem Dialog an, und das hat, wie ich vermute, damit zu tun, daß er sich in diesem Moment nur für die Konstellationen interessiert, in denen der Künstler gelebt hat, weil er sich immer nur für Konstellationen interessiert seit den für ihn so erfolglosen achtziger Jahren. Ein Star zu sein heißt nicht vor allem zu strahlen, sondern gesehen zu werden, glaubt er damals gelernt zu haben, und jetzt interessiert ihn, wie es wohl sein mag, als Künstler nicht nur gesehen, sondern erkannt zu werden.

Balthus wartet, als wollte er ihm eine Chance geben, das diskrete Angebot jener Indiskretion anzunehmen, mit der er sich für einen Moment über die Routine des Interviews hinaus geöffnet hat. Vielleicht auch nur, weil ihm dieser jungenhafte Sänger sympathisch ist. Doch Bowie, ratlos, schweigt noch immer. Und schließlich spricht Balthus weiter, geht über die eigene Indiskretion hinweg, wie man es tun muß, wenn ein Angebot ins Leere gelaufen ist, doch auch dabei hält er, von Bowie unbemerkt, ihm noch einen Moment lang offen, was er eröffnet hatte, bevor er den Begriff der Schönheit wieder kassiert.

What I believe is that the people who paint today are not the same people who painted let's say 200 years ago, or 300 years ago or more. It's not the same sort of mankind. They're all artists today. What I find terrible is that need of expressing oneself. Why express oneself, why not express the universe?

Bowie räuspert sich. Er muß jetzt endlich etwas sagen. *Do you think Andy Warhol made any useful items for society?* Er hat keine Ahnung, weshalb ihm jetzt gerade Warhol einfällt.

I don't think so. For himself, for his money probably.

You know, a museum has recently opened in America in his honour.

Yes. I discovered that my admiration for Tintin, for – what's he called? – Hergé ... Hergé was a friend of Warhol's.

Really?

It seems so. I was disappointed.

I'm not sure if Warhol had any friends. I think he had a million acquaintances.

Lovers probably.

I don't think so. I'm not sure that he had any lovers. I get the impression he just looked, and he looked and then he looked again.

Did he look at all? I don't think he looked at all. I think he didn't see anything.

Possibly he looked to see who was looking at him.

Yes, perhaps. That must be the relation.

Warhol. Bowie ist verzweifelt. Er hat nicht über

Warhol reden wollen und weiß absolut nicht, weshalb er nach ihm gefragt hat, Warhols Spiel mit der Berühmtheit und den Medien ist gerade das, was ihn überhaupt nicht interessiert. Er spürt, wie er immer nervöser wird. Doch dann beginnt Balthus, ohne ersichtlichen Zusammenhang, von seiner Kindheit zu erzählen.

I was born on the 29th and my parents forgot to inscribe me to the état civil, *so I was born with a fee of 200 French francs gold and since then I have never been in order. I was born in Paris and they had names – they expected a girl and they had no names for a boy and so when the friends came and asked what is the child called: »Oh we call it baby.« – »But, at the* état civil, *what is he called?« – »*État civil, *my god, we forgot to register him.« Next day they ran to the* état civil *and my father happened to be like many Poles – he was born in Germany because from Poland there were Poles everywhere in Austria, Germany and in Russia. And my father happened to be born in Germany which has now become Poland again. And, so he was ashamed and he said, well, there's a boy and we want to call him Balthus. Baltusz in Polish. And the man said: »Mais, ca n'existe pas.« – »Alors quoi?« – »Appelez-le Balthazar«, and nobody called me Balthazar for all my life.*

Bowie hat dankbar zugehört, der Frage enthoben, wie das Gespräch weitergehen sollte. *So from when you were very young you were always called Balthus.*

Yes, always.

And you stuck with that as your signature name as well.

Balthus ist scheinbar völlig davon vereinnahmt, sich eine weitere Zigarette anzuzünden. Dann raucht er, ohne Bowie anzusehen. Ob er seine Bemerkung überhört hat? Gerade, als Bowie sie wiederholen will, spricht er weiter. *And it was very funny because my father was so embarrassed and ashamed that he didn't even say that he was a Count.*

Balthus' Blick geht ins Leere. Noch einen Zug an der Zigarette, dann drückt er sie unendlich vorsichtig in dem großen Aschenbecher aus, der auf dem Couchtisch vor ihm steht. Hellgrüne Jade. Wenn er sich vorbeugt, stöhnt er ein wenig, als entwiche Luft aus einem Balg, den man zusammenpreßt. Balthasar Kłossowski de Rola.

Viele halten für erfunden, daß der Vater, der Maler und Kunsthistoriker Erich Kłossowski, aus einer adligen polnischen Familie stammt. Doch auch Erfindungen sind Teil der Realität. Es sind Erfindungen in Erfindungen sogar ebenso real wie die Realität selbst.

Realistische Literatur handelt daher notwendig von beidem. Es steht mir frei, in den Naturalismus dieser Unterhaltung einzubringen, was immer ich will. Das Faktische muß seinen Wert ebenso wie das Erfundene im Gespinst der Erzählung beweisen. Fakt ist, daß seine Eltern in Paris lebten, als Balthus 1908 geboren wurde. Doch mit dem Ausbruch des Ersten Weltkriegs änderte sich für die Familie alles, sie wurde des Landes verwiesen, ihr Vermögen eingezogen.

Zunächst ging man nach Zürich, dann zog man weiter nach Berlin, wo Kłossowski eine Weile als Bühnenbildner arbeitete. Und schließlich tauchte in der Welt dieser Familie jener Dichter auf, dessen entwurzeltes Leben wie ein Kommentar zur Zeit erscheint.

You knew Rilke when … Vorsichtig läßt Bowie den Satz verebben.

Rilke, yes very well, murmelt der Maler regungslos nach einer kleinen Weile. *He was a wonderful man. I can give you a book with the letters he wrote to me when Mitsou had appeared.*

The cat illustrations. Yes, that would be fascinating.

He wrote in French. lt was the first text he wrote in French.

He was a great supporter of yours.

He was a great supporter. Yes.

Stille. Vorsichtig, doch deshalb um so mehr Aufmerksamkeit erheischend, schiebt Setsuko ein schmales Buch in diese Stille hinein, schiebt es über den Couchtisch herüber. Sie hat die ganze Zeit in einem schmalen Sessel gesessen, die beiden Männer ihr gegenüber auf einem tiefen Sofa unter dem Fenster. Bei dem Büchlein handelt es sich, wie Bowie auf den ersten Blick sieht, um eine Ausgabe von *Mitsou,* jenem Katzenbuch des elfjährigen Balthus, zu dem Rilke seinerzeit ein Vorwort geschrieben hat. Bowie lächelt Setsuko dankend zu, nimmt es und blättert darin.

I am sure you could read that, sagt Balthus freundlich und beugt sich ein bißchen vor, als wolle er mitlesen. *It's in very simple French.*

Thank you very much. May I keep this?

It's for you, sagt Balthus lächelnd. Dann: *By the way, my daughter's coming tomorrow.*

From Paris? So überrascht Bowie ist, fällt ihm doch sofort ein, was er in der Vorbereitung auf das Gespräch über die Tochter der beiden gelesen hat.

From Paris, yes.

Setsuko ist auf die Kante ihres Sesselchens gerutscht und lächelt Bowie nun ebenfalls an. *Yes, she said: »You cannot change your rendezvous with David Bowie?«*

Oh, what a shame. If I wasn't going to London ... Bowie spürt, wie er sich an dem Buch festklammert. So sehr hat er sich auf diese Begegnung gefreut, was interessiert ihn dieses Mädchen? Obszön, wie die Mutter sie anbietet. Die Katzen, denkt er, sind das Wichtigste. Vierzig Tuschzeichnungen der Katze Mitsou, die ihm erst zugelaufen und dann wieder verschwunden ist, hat der elfjährige Balthus 1919 verfertigt. Als Rilke sie sah, sorgte er dafür, daß sie publiziert wurden, und verfaßte selbst das Vorwort.

Nach der Trennung von ihrem Mann 1917 war die Mutter mit den beiden Kindern in die Schweiz gezogen, wo sie Rilke traf und seine Geliebte wurde. Bei Balthus fungierte er als Patenonkel, den Bruder Pierre vermittelte er als Sekretär an André Gide. Eigentlich hieß Baladine, wie die Mutter ihre Bilder signierte, Elisabeth Dorothea Spiro und war die Tochter des Breslauer Kantors der Synagoge zum Weißen Storch. In seinen Briefen nennt Rilke sie Merline. Tarnnamen, Phantasienamen, Selbstermächtigungen.

Die Verlockung für einen Künstler, sich selbst zu erfinden, liegt darin, so selbst Teil jenes fiktionalen Raums zu werden, in dem seine Kunst stattfindet. Dort fühlt er sich sicher. Es ist der Geisterraum, in dem die Figuren der Romane, die Briefe der Autoren, die Urteile der Kritiker und unser Halbwissen um die Leben der Künstler zusammenfinden in einem flackernden, fahlen Licht. Alle Realien der Literatur werden hierher übersetzt. Jedes *So war es!* wird hier zum *Es war einmal.* Kunst und ihre Wirkung bedingen sich hier auflöslich, denn es ist dies auch das Reich des Ruhms, und es entsprechen seine Verlockungen der Gefahr, in ihm zu einem jener künstlichen Lemuren zu werden, die in den unendlichen Rückkopplungen der Künstlichkeit ihr echtes Leben für immer verloren haben. Es gibt Künstler, die stets an der Grenze zu jenem Reich verharren, versucht und abgeschreckt zugleich. Rilke war einer von ihnen.

Ein Photo zeigt Balthus auf einer Wanderung mit dem Dichter und seiner Mutter, ein schlaksiger Teenager mit dünnen Beinen in den kurzen Hosen und einem mädchenhaften Topfschnitt, den Blick im schmalen Gesicht zu Boden gerichtet. Angeregt durch den Maler Alexandre Blanchet, erkundete Rilke 1920 das Wallis, begeistert von dieser Landschaft, die ihn sowohl an die Provence als auch an den Süden Spaniens erinnerte. Und in Sierre entdeckte er dann in einem Laden das Photo eines mittelalterlichen Wohnturms, des Château de Muzot, das zu vermieten war. Es wachse da eine ganz besondere Spezies von Rosen, schreibt er in einem Brief an die Freundin Nanny Wunderly-Volkart, die dafür sorgte, daß er dort seine letzten Jahre verbringen konnte.

Auf allen Photos raucht die Mutter von Balthus. Auf allen Photos trägt Rilke Anzug und Weste, Gamaschen über den Lackschuhen und eine Krawatte im enggeschlossenen Kragen. Es gibt eine Zeichnung Baladines, auf der sie seinen Kopf mit wenigen, kräftigen Strichen skizziert hat, routiniert, doch ohne Gefühl. Es heißt, Baladine sei es gewesen, die dafür gesorgt habe, daß sich in der Walliser Landschaft seine Schreibhemmung gelöst und er die *Duineser Elegien* und die *Sonette an Orpheus* hier habe beenden können.

Es war auch die Katze Mitsou. Rilkes *Petite Préface* zu Balthus' Federzeichnungen ist datiert auf den 26. November 1920. *Qui connaît les chats?* fragt der Dichter zu Beginn, und es ist der Band tatsächlich nichts anderes als eine Apologie der Unverfügbarkeit. *Vielleicht schauen sie uns nur an, um uns beschwörend ihr Weigern entgegenzuhalten und ihre Augäpfel, die voll sind für immer.* Man kann einen Bogen schlagen zur *Legende vom Verlorenen Sohn*, in der Rilke am Ende seiner *Aufzeichnungen des Malte Laurids Brigge* von einem erzählt, der seine Freiheit selbst und gerade gegen die Liebe bewahren und sich entziehen muß. Themen der *Duineser Elegien* werden hier, in dem Büchlein des elfjährigen Balthus, nach langer Zeit erkennbar wiederaufgenommen, und es endet das Vorwort mit dem Satz: *Il n'y a pas des chats.*

Obviously, I have to ask you, are you really »King of the Cats«?

Ein dünnes Lächeln huscht über das alte, vogelspitze Gesicht des Malers, als er Bowies Frage hört. Er nickt bedächtig. *I thought so when I was young – now I'm too old, too shaky for anything at all.*

You must be only in your fourth of your nine lives, I should think. So do you feel that the cat has…?

When you get over eighty-six things change, unterbricht Balthus seinen Interviewer bestimmt.

You don't feel cat-like anymore?

I like cats always, yes, but that's the difference with time which is very important, you don't know exactly how long you are going to last and how long you're going to be able to paint. There's always that type of anxiousness, not to be able to, and be at the end of your painting.

Es ist ein sonniger Tag hier oben in Rossinière, neunhundert Meter über Montreux und dem Genfer See. Die Luft kommt frisch durch das Fenster herein, das einen Spalt offensteht. Die Sonne, die in einem Streifen über das Sofa fällt, wärmt einem das Gesicht, wenn man den Kopf hineinhält. Cirruswolkenschleier schweben hoch oben scheinbar unbeweglich im tiefen Blau. In sieben Jahren wird Balthus in diesem Haus sterben.

Ich frage mich, ob Bowies Interesse an Katzen mit einer Entdeckung zu tun hat, die ich letzthin im Brücke-Museum machte. Dort stand ich plötzlich vor zwei Bildern, die mich überraschten: *Rückenakt mit Katze* und *Liegende Frau mit Katze*. Ich weiß nicht, ob Bowie sie kannte, aber die Katzen, die sie zeigen, ähneln auffallend jenen auf den Bilder von Balthus. Ihr Maler, Max Kaus, hatte vor dem Ersten Weltkrieg bei Heckel und Kirchner studiert, war Lehrer an der Kunstgewerbeschule und schließlich Professor an der Hochschule der Künste. Er ist im selben Jahr 1977 gestorben, in dem der Sänger vor seinen Bildern gestanden haben mag, am Rand des unendlich grauen West-Berlin, unter den ärmlichen Kiefern dieser so gleichgültigen Landschaft. Gehört das zu dieser Geschichte? Gehört Rilkes *Legende vom Verlorenen Sohn* hierher? Gerührt beobachte ich, wie Bowies Blick über das Gesicht des alten Malers hinwegtastet, der wieder dabei ist zu rauchen. Wie er zögert und sich unwohl fühlt. Und wie er sich wieder räuspern muß, bevor er seine nächste Frage stellen kann.

Would you like to talk about your most recent painting?

Balthus sieht ihn unsicher an. *Well, you know, talking about painting is very difficult. I don't think one can talk about a painting.* Er spricht jetzt langsam, tastend, als suchte er nach den Worten.

Maybe the actual … the process of making the painting, fragt Bowie nach. *Did it have any particular difficulties attached to it, or was it something that you very much had in mind before you started?*

Did I have something in mind …?

Ratlos geht sein Blick zu Setsuko, vielleicht zum ersten Mal an diesem Nachmittag.

For the new one, gibt ihm Setsuko ein Stichwort, an das er sich halten kann.

Oh, the new one. Yes, the new one was the same model. She's eleven years old. My top model.

Your top model. Bowie lacht, weil er nicht gleich versteht, wovon Balthus spricht. Dann begreift er, und ihm ist ein bißchen unwohl bei diesem Themenwechsel, also scherzt er weiter. *Is there a bottom model? Who was the worst model you ever had?*

The worst model … Balthus ist ganz ernst. *I never had a bad model.*

You choose them very well then.

I always had very beautiful models, thank god.

So this is your top model for this new painting.

Yes, it's the same girl as in the last painting at Martin's. The same model. Little girl of – how old is she now? Eleven? It's an odalisque – with a Turkish dress she has.

Der Maler spricht, was David Bowie nicht weiß, von Anna Wahli. Acht Jahre alt war das Mädchen aus dem Dorf, als es zum ersten Mal zu Balthus kam. Es trug sein rotes Kleid mit dem Spitzenkragen und war, wird es später sagen, ein wenig verängstigt, beunruhigt vom stechenden Blick des berühmten Künstlers, aber auch neugierig, was in dem geschichtenumwitterten Atelier im Grand Chalet geschehen würde. Fast jeden Mittwoch kommt Anna seither, die Eltern sind es zufrieden, es gibt Süßigkeiten und diese seltsame, unverständliche Aufmerksamkeit des alten Mannes. Die seltsame Empfindung, wenn er sie kostümiert, sorgsam ihre Haare arrangiert, ihren Kopf, ihre Schenkel zurechtrückt. Und dann photographiert. Seit es ihm schwerfällt, den Stift zu halten, bedient er sich der Kamera, über zweitausend Polaroids von Anna wird man nach seinem Tod im Atelier finden.

Als das Metropolitan Museum in New York die Bilder zeigen, die Galerie Gagosian sie zum Verkauf anbieten will, wird es zum Skandal kommen. Die deutsche Presse wird von *Dokumenten einer pädophilen Gier* schreiben, eine Ausstellung im Museum Folkwang wird abgesagt werden. Im Atelier wären Bowie vielleicht die seidenen Schals aufgefallen und der üppig verzierte Morgenmantel auf der alten Chaiselongue, doch er weiß nichts von alledem, spürt nur ein Unbehagen darüber, wohin das Gespräch sich entwickelt. Auch von Fränzi weiß er nichts, ebenfalls achtjährig, die Kirchner und Heckel, deren Bilder Bowie im Brücke-Museum in Berlin-Dahlem oft betrachtet hatte, so gern als Modell mitnahmen an die Moritzburger Teiche.

Ob er wohl wußte, was es mit dem großen Gebäude auf sich hatte, das er bei seinen Museumsbesuchen, durch die Kiefern hindurch, sicherlich gesehen haben wird? Es ist Albert Speers Atelierhaus für Arno Breker, 1943 durch Luftangriffe beschädigt und vom Künstler verlassen. Der riesige Raum mit über neun Meter hohen Fenstern läßt heute noch die Dimensionen des *Zehnkämpfers* und der *Siegerin* für das Berliner Olympiastadion ahnen. Als bedürfte es eines Abwehrzaubers, ist das Atelier heute vollgestellt mit Plastiken aus der direkten Nachkriegszeit, fast ausnahmslos nackte Frauenfiguren. Eine *Eva* von Fritz Cremer steht dort, ein *Mädchen mit Spiegel* von Gustav Seitz, von Ruthild

Hahne *Nach dem Bade*. Karl Hartungs *Kore*, von deren Leiblichkeit nur die Form einer schlanken Vase geblieben ist, und eine augenlose *Große Nike* Bernhard Heiligers. Immer antwortet Kunst auf die Gewalt. In diesem Fall eine Kunst der Angst in den Ruinen der Katastrophe. Doch auch davon weiß Bowie in diesem Moment nichts.

David, don't you like a whisky now?

Thank you – I don't drink, Balthus.

You don't drink?

No, I don't drink. Thank you, though.

Really, you never drink anything?

No.

Fast ein Jahrhundert ist vergangen, seit ein Kind um seine verschwundene Katze trauerte, seinen Namen ablegte und sich Balthus nannte, weil ein Dichter, den seine Mutter liebte, es zärtlich so rief. Wie man einen Jeton auf den filzgrünen Spieltisch setzt unter den Blicken aller, setzte der Knabe sich selbst auf jenem unbestimmbaren Tableau, auf dem das Spiel tobt der Bezeichnungen und Spiegelungen, der Kommentare und Filiationen, des Erkennens und Vergessens, das wir den geistigen Raum nennen, in dem wir alle uns bewegen.

Perhaps you'll drink with me a, a Drambuie.

No, really.

It gives me a tonic … my special tonic.

I should leave you with some peace, I think.

Ein letztes Mal, finde ich, sollte es in diesem Gespräch einen unendlichen, einen peinigenden Moment lang still sein. Bowie lächelt den Maler beschwichtigend an.

You have an appointment, or …? Setsuko ist es, die noch einmal leise insistiert.

I have to pack my clothes because, now, I go to London, then America. I have to pack my few things and I have an early plane tomorrow morning.

But very soon you come back here? Setsuko lächelt maskenhaft und warmherzig zugleich.

Oh yes, yes I will, beeilt Bowie sich zu bestätigen, und spürt, wie eine große Traurigkeit in ihm aufsteigt. *I would love to. I promise to come back. And that's enough for the questions. I will still ask questions but not for an article. Thank you so much, both of you. You've been very generous with your time and I can't tell you how much I appreciate it.*

No, no, my dear, I was so glad to see you.

Balthus klingt jetzt tatsächlich müde, seine Züge haben alle Spannung verloren. Wenn Bowie gleich aufsteht, wird Setsuko ihn hinausbegleiten. Der Alte wird sitzenbleiben. Tatsächlich huscht gerade in diesem Moment die Katze Mitsou durch seine Gedanken. Nie hat er jemandem erzählt, daß sie ihn wieder besucht. Heute hätte er es beinahe getan. Jetzt nimmt er Bowies Hand zum Abschied. *It was lovely, really, to see you today,* wiederholt er und macht so lange keine Anstalten, die Hand des Sängers loszulassen, bis Bowie sie ihm schließlich vorsichtig entzieht.

I think you should have your whisky now. You deserve it.

The last legendary painter. Balthus with David Bowie. In: *Modern Painters. Autumn 1994/Volume 7, Number 3.* Edited by Karen Wright. London 1994. | Balthus / Rilke: *Mitsou. Vierzig Bilder von Balthus mit einem Vorwort von Rainer Maria Rilke.* Frankfurt am Main 1995. | Rainer Maria Rilke: *Briefe an Nanny Wunderly-Volkart. 2 Bände.* Frankfurt am Main 1977. | Rainer Maria Rilke: *Die Aufzeichnungen des Malte Laurids Brigge.* In: *Sämtliche Werke.* Herausgegeben vom Rilke-Archiv. In Verbindung mit Ruth Sieber-Rilke besorgt durch Ernst Zinn. Sechster Band. Frankfurt am Main 1966.

LITERATUR UND
DIE UNENDLICHKEIT

Die längste Zeit, wir sind dabei es zu vergessen, war die Welt Natur, und Natur ist sprachlos. Von Wörtern, von Bildern, von Musik immer umgeben, schicken wir uns an, mit Haut und Haaren so sehr Teil der digitalen Welt zu werden, wie wir bisher Teil dieser Natur waren, und vergessen darüber, daß die Magie von Sprache immer darin bestanden hat, Sprache in der Stille zu sein. An die Stelle der Magie, die darin liegt, ein Buch aufzuschlagen, tritt ein Verständnis von Literatur, wonach Schreiben und Überschreiben, Text und Kommentar, Autor und Leser durch die Möglichkeiten der Technik eins werden sollen, und die mediale Transformation unserer Lebenswelt setzt diese Vorstellung vehement ins Recht. Der Anspruch dieser Literatur ist ein enzyklopädischer. Seite für Seite ins Unendliche wachsend, sehnt die Enzyklopädie sich seit jeher danach, die ganze Welt abzubilden.

Das Problem dieser Sehnsucht aber ist ebenso alt wie das Lexikon selbst: Wäre es so unendlich wie die Welt, wäre es nicht mehr benutzbar. Die Karte, die so groß ist wie das Land, legt sich bei Borges wie ein Leichentuch über die Schöpfung und erstickt all das Leben, das sie doch abbilden will.

Der Gegenentwurf dieser Vorstellung von Literatur, zudem älter, ist das heilige Buch. Alle heiligen Texte aller Kulturen gleichen sich darin, die Unendlichkeit der Schöpfung eben nicht in einem unendlichen, sondern in einem strikt begrenzten Korpus von Sätzen abbilden zu wollen. Ihr Zauber liegt gerade nicht in der Addition, also der Rechnerleistung, der Cloud-Vernetzung, der riesigen Zahl der Beiträger, sondern in der Gewißheit, daß in einem einzigen Satz die ganze Welt beschlossen sein kann. Folgerichtig gelten für diese Texte Regeln, die denen des Netzes diametral widersprechen: Ihnen ist die Autorschaft so heilig, daß sie sie einem Gott oder seinem Propheten zuschreiben, ihr Wortlaut darf auf gar keinen Fall auch nur ein Jota verändert werden, Text und Leser sind durch eine unüberwindliche Grenze getrennt.

Es hat sich die Literatur stets beider Modelle bedient, sie hat den Homerschen Schiffskatalog ebenso hervorgebracht wie Pindars Oden. So war sie immer auch enzyklopädische Sammlung, ohne ihre Utopie an deren Mechanik zu delegieren. In ihrem Zentrum stand immer das Wunder, daß Wörter lebendig werden können. Und meist hat die Literatur gar nicht versucht, den religiösen Ursprung ihres Wunders der Erfindung zu kaschieren. Heute aber, in der Begeisterung für die schlechte Unendlichkeit des Netzes, droht dieses Wunder in Vergessenheit zu geraten. Nichts wäre furchtbarer. Denn während die digitalen Medien und die sozialen Netzwerke wie so oft in der Geschichte der Technik alles daransetzen, den Tod vergessen zu machen, ermöglicht die Literatur mit ihrem notwendigen Sprung vom Wort in unsere Imagination eine unendlich kostbare Erfahrung von Lebendigkeit, wie sie keine tote Enzyklopädie je kennen wird.

Jacques Derrida: *Maschinen Papier. Das Schreibmaschinenband und andere Antworten.* Herausgegeben von Peter Engelmann. Aus dem Französischen von Markus Sedlaczek. Wien 2006. | Jorge Luis Borges: *Von der Strenge der Wissenschaft.* In: *Borges und ich.* Aus dem argentinischen Spanisch von Gisbert Haefs und Karl August Horst. München 1982.

DAS BUCH

Es ist Sommer, das Fenster weit offen, und draußen albern einige der Künstler herum, die, von einer Jury ausgewählt und mit einem monatlichen Salär versehen, hier ein Jahr lang leben. Während ich sie betrachte, überlege ich, daß sicher alle jungen Menschen in den angesagten Vierteln der Großstädte momentan so aussehen, ein wenig kindhaft, ein wenig ungepflegt, Frauen und Männer mit denselben großen Sonnenbrillen und kurzen Haaren, verwaschenen Shirts mit ausgeleierten Ausschnitten und Hosen mit sehr engen Beinen. Keiner trägt Lederschuhe, und alle drehen sehr dünne Zigaretten aus demselben Tabak ohne Zusätze. Ich wundere mich ein wenig darüber, daß noch so viele junge Leute rauchen, höre durch das offene Fenster ihr sehr freundliches Lachen, das nicht besonders komplizierte Englisch, das sie miteinander sprechen, und vermöchte nicht zu sagen, wer aus welchem Land stammt.

Der Unterschied zu früher, sagt der Direktor, bestehe vor allem darin, daß die heutige Künstlergeneration nicht mehr souverän sei. Man arbeite in ständig wechselnden Kollaborationen, die oftmals eher zufällig zustande kommen. Das Wichtigste seien dabei die Netzwerke, die alle Künstler pflegten, viel wichtiger als die alte Vorstellung von Souveränität. Was das konkret bedeute, will ich wissen.

Der Direktor, der mit dem Rücken zum Fenster sitzt, wird bald in Rente gehen. Als ich selbst vor über zwanzig Jahren hier Stipendiat war, hatte er gerade erst damit begonnen, die Akademie aufzubauen. Seinem leichten französischen Akzent schien mir schon damals eine sozusagen französische Melodie des Denkens zu entsprechen. Künstler, sagt er, gleichen heute mehr wandernden Handwerkern oder Schaustellern, die ihre Künste in immer neuen Institutionen anbieten und zu immer neuen Fragestellungen. Das sei aber ein völlig anderer Lebensentwurf, entgegne ich. Der Direktor nickt, und sein Gesichtsausdruck läßt keine Bewertung dessen erkennen, was er beschreibt. Die heutigen Künstler hätten nicht einmal die Idee eines Lebensentwurfs, dazu sei ihr Leben zu prekär und provisorisch. Weshalb sie ihre Kunst auch bereitwillig in den Dienst einer Sache stellten. Also wehren sie sich beispielsweise nicht gegen die Zumutungen der *political correctness*? Im Gegenteil. Der Direktor lächelt sanft. Ihm komme es vielmehr so vor, als wären viele Künstler froh um den Rahmen, den politisch korrekte Themen und Positionen ihrer Arbeit setzten.

Vor dem offenen Fenster wird noch immer geredet, geraucht, und auf dem Kies klirren die Schritte von hier nach da. Gestern, bei meiner Ankunft, wurden die Wiesen um das Schloß gerade gemäht, jetzt drückt die Hitze den Frühsommerduft nach frischem Gras herein. Tatsächlich wurde ja vieles von dem, was unsere neue Medienwirklichkeit auszeichnet, die unhierarchischen Debatten, das Ideal des Zugangs für jedermann, die Geschwindigkeit der Themensetzungen, bereits in den Salons des neunzehnten Jahrhunderts erfunden. Vielleicht liegt es daran, daß der Salonliterat wieder so modern ist. Er hat Freude an der Öffentlichkeit und großen Erfolg in ihr, wenn er in der Lage ist, schnell zu reagieren und seine Zielgruppe intelligent zu adressieren. Natürlich wäre es wünschenswert, unsere digitale Öffentlichkeit erreichte einmal die intellektuelle Kraft der Salons um 1800, als bei Rahel Levin und Henriette Herz die Grenzen der Stände, der Religionen, der Professionen aufgehoben wurden. Und dennoch langweilen mich solche Literaten.

Und zwar wegen jenes anderen Typus Schriftsteller, unwillig oder unfähig zum Diskurs, verstockt, langsam und menschenscheu, der kein Netzwerk zu pflegen in der Lage ist, keine Leitartikel verfassen kann und über seine eigene Arbeit nichts Substantielles zu sagen weiß. Zu allen Zeiten waren das die Autoren, deren Texte Bestand hatten. In der künftigen Literatur wird man wohl nicht einmal mehr begreifen, wie solche Schriftsteller ihre Leser finden konnten.

Die künftige Literatur? Der Direktor mustert mich neugierig. Die künftige Literatur? fragt er noch einmal. Es ist ein Mißverständnis zu glauben, Schriftstellerei habe etwas mit der Lust am Diskurs zu tun. Sondern? Ich zögere. Entscheidend ist das Buch, sage ich schließlich. Das Buch? fragt er spöttisch. Ja, sage ich leise, das Buch. Aber nicht im Sinne jener Packform von Papier, die sich seinerzeit bequem mit dem Pferdewagen auf die Leipziger Buchmesse karren ließ. Wie alle künstlerischen Formen ermöglicht es ganz bestimmte Inhalte, bestimmte Erfahrungen, bestimmte Erkenntnisse. Seine Abgeschlossenheit und damit unsere eigene Abgeschlossenheit in dem Moment, in dem wir uns einlassen auf das, was es erzählt, bedingen seine genuine künstlerische Erfahrung. Natürlich paßt die Welt nicht in einen Roman, aber es gelingt der Literatur, uns das für Momente glauben zu machen.

Es kommt mir so vor, als wäre das Lachen draußen leiser geworden. Sonnenflecken, die eben noch nicht da waren, fallen jetzt schräg durch den Raum, die Schatten von Blättern zittern darin. Der Direktor mustert mich. Ich nicke. Die Aufgabe des Schriftstellers ist nicht die diskursive Vermittlung irgendwelcher Inhalte, sondern die Herstellung eines im Extremfall gänzlich monadischen Textes, den unsere Imagination aber dennoch aufzuschließen vermag. Das ist das Wunder der Literatur. Ich weiß noch, wie ich dem Direktor damals bei meiner Ankunft von dem Roman erzählte, an dem ich arbeiten wollte. Und wie ich dann tatsächlich den Schreibtisch kaum verließ. Heute veranstaltet die Akademie regelmäßig Konferenzen, lädt Wissenschaftler aller Sparten ein, die Künstler arbeiten mit der Forschungsabteilung des hiesigen Elektrokonzerns zusammen, es gibt Ausstellungen, Konzerte, Lesungen und einen globalen künstlerischen Austausch über eine virtuelle Akademie. Zu meiner Zeit feierte man zusammen, dann ging jeder zurück in sein Atelier. Lektüre ist Zwiegespräch ohne Rückversicherung nach außen, sie erfordert Konzentration, nur dann belohnt sie uns als Leser, indem sie uns aus all den Netzen löst, in die wir alltäglich verwoben sind. Doch in unserem medialen Alltag verlieren wir zunehmend Muße und Fähigkeit dazu, weshalb einer der wenigen tatsächlich utopischen Räume, den wir uns in dieser Welt geschaffen haben, dabei ist zu verschwinden.

Der Direktor sieht mich stirnrunzelnd an. Zu meiner Zeit gab es in seinem Büro einen Schreibtisch mit einem großen Desktop-Rechner darauf, es gab Papierstapel, Akten, eine Schreibtischlampe und einen Schreibtischstuhl, jetzt füllt ein mit blauem Linoleum beschichteter, quadratischer Holztisch den Raum fast völlig aus, an allen Seiten lehnenlose Bänke, leer bis auf das *Macbook Air* des Direktors. Ich bemerke, daß es draußen vor dem Fenster still ist. Die Künstler müssen gegangen sein, ohne daß ich es bemerkt hätte. Es scheint mir viel Zeit zu vergehen, bis der Direktor irgendwann das Schweigen bricht. Er plane den ökologischen Fußabdruck der Akademie messen zu lassen. Ich verstehe nicht, sage ich. Lächelnd erklärt er, er glaube nicht, daß es zukünftig gesellschaftlich noch vertretbar sein werde, Künstler aus aller Welt einfach einfliegen zu lassen. Für den Moment aber, an dem das ökologische Bewußtsein die Akademie grundsätzlich in Frage stelle, wolle er gewappnet sein. Zum Abschied schenkt er mir eine Postkarte, die er zum neuesten Gemeinschaftsprojekt der Stipendiaten hat drucken lassen. Auf grauer Pappe steht nur ein Satz: *Is Your Practice Political?*

DIE EBERJAGD

für Ines Eben v. Racknitz

Was erzählt die Erzählung einer Erzählung und was nicht? Was ist der Sinn einer Geschichte und was der Sinn dieses Sinns? Und was, wenn es ihn gibt, kümmert er uns? So genau glauben wir zu wissen, was Erzählen sei, und sind meist doch nichts als die Claqueure unserer eigenen Vorstellungen.

Dabei ist das, wonach wir uns sehnen, wenn wir lesen, etwas ganz Einfaches. Daß sich bitte, wie beim ersten Mal, als wir einer Geschichte Satz für Satz folgten, wieder diese herzklopfenmachende Ahnung einstellen möge, einer Sache plötzlich ganz nah zu sein, von der wir nicht zu sagen vermöchten, was es ist. Literatur, die diese Bezeichnung verdient, verweist uns immer auf etwas außerhalb der *story*, auf etwas außerhalb unserer selbst. Und alle Wendungen einer Geschichte und der besondere Klang einer Sprache, an der wir uns, o ja!, betrinken beim Lesen, sind nichts im Vergleich mit dieser seltsamen Bezüglichkeit, dieser Angebundenheit an etwas, das wir nicht verstehen. Und die doch das ganze Glück des Lesens ausmacht, denn alle gelungenen Geschichten, ließe sich mit Lew Tolstoi sagen, gleichen einander darin, das sie dieses Glück gewähren. Jede gescheiterte aber scheitert auf ihre eigene Weise und bleibt tot in ihrem Stoff. *Die Eberjagd* von Ernst Jünger, 1952 entstanden, ist eine auf solche Weise gelungene Geschichte.

Was sind die Mittel ihres Gelingens? Und wie nähert man sich jenem Zentrum, in das uns exzentrisch zu verrücken jede wirkliche Literatur versucht? Vielleicht, indem man mit Gullin Bursti beginnt, einem göttlichen Eber der nordischen Sagen, und mit Atalante, der mythischen griechischen Jägerin. Beide kommen in Ernst Jüngers Erzählung nicht vor, und doch schickt dort der Eleve Breyer einem fliehenden Eber seine Kugel geheimnisvollerweise auf genau dieselbe Weise hinterher wie Atalante ihren Pfeil dem gefürchteten Jagdtier, das Ovid, der uns seine Geschichte erstmals erzählte, folgendermaßen beschrieb:

Blutunterlaufen sprühn die Augen Feuer, der Nacken
Starrt, es stehn wie ein Wall, wie ragende Spieße die Borsten.
Heiß aus dem keuchenden Maul überströmt den mächtigen Bug ihm

Geifer, es drohen gleich Elefantenzähnen die Hauer.
Blitz aus dem Rachen ihm flammt, es brennt das Laub von dem Anhauch.

So schauerlich war diese Bestie, daß sie gleich in doppelter Gestalt, nämlich als erymanthischer und kalydonischer Eber, durch die griechische Sagenwelt stampfte, der eine niedergerungen von Herakles, der andere erlegt von einer Jagdgesellschaft unter der Anführung des jungen Helden Meleager und ebenjener schönen Jägerin Atalante, die – *Jetzt legte Atalante einen Pfeil auf ihren Bogen und sandte ihn dem Tier in das Gebüsch nach* – den Eber als erste erwischte. Doch steht dieser Satz nicht bei Ovid, sondern bei Gustav Schwab in seinen *Sagen des klassischen Altertums*, und da Ernst Jüngers Schütze ganz entsprechend *die Büchse hochriß und ihm eine Kugel nachwarf, dorthin, wo noch die Zweige zitterten*, können wir annehmen, daß es sich hier nicht um eine vage Erinnerung an den antiken Stoff handelt, sondern der Autor seine Erzählung sehr genau nach der antiken Vorlage gestaltet hat, wenn auch in der Schwabschen Fassung. Das Muster soll durchleuchten. Doch durch was?

Durch eine Jagderzählung, die zunächst die ganz korrekte Hierarchie einer Jagdgesellschaft schildert. Treiber, die weder das Recht zur Jagd haben noch dazu, Waffen zu führen – Männer aus dem Dorf oder in diesem Fall Landarbeiter eines Grafen, die allerdings heute keine Treiberschürzen trügen, sondern orangene Sicherheitswesten –, beaufsichtigt vom Förster und dem Eleven, einem Studenten der Forstwirtschaft, dann die eigentlichen Jäger, die Waffenträger, denen die anderen zu Diensten sind, und schließlich der Waldgraf, was einfach den Grundherren des Waldes meinen kann oder, wie es hier der Fall zu sein scheint, einen wirklichen Grafen, den man auch heute als Gastgeber und Jagdherren antreffen kann. Stimmig ist auch, daß der Eleve Breyer auf einem schlechten Platz steht, denn immer gehen die besten Plätze an die ältesten Herren. Breyer zur Seite stellt der Autor den jungen Richard, der voll tagträumerischer Sehnsucht ist, einmal selbst eine Waffe zu führen.

Durch diesen in aller Ruhe aufgespannten Prospekt bricht dann der vorbeiziehende Eber. Jünger schildert den Schuß Breyers zwischen Panik und Automatismus, seine Scham über den eigenen Schrecken, die Sublimierung im anschließenden Großgetue nach Abblasen der Jagd. Anders als vom Erzähler behauptet, besitzen Wildschweine Mägen und keinen Pansen, und daß er den Eber einen Rüssel haben läßt und keinen Wurf, während er zugleich von den Tellern, also den Ohren spricht, ist nicht ganz korrekt, richtig dagegen, daß der Keiler zügig aufgebrochen wird. Die Innereien indes ließe man, um einer Verbreitung der Schweinepest vorzubeugen, heute nicht mehr liegen für den Fuchs.

Wichtiger aber ist, wie Jünger in diesem Zentrum seiner Erzählung – das zunächst als lärmendes Zwischenspiel anmutet, bestimmt von der Brutalität des Försters und seiner hohnlachenden Kastration des toten Tieres – die vielfältig schillernde Gefühlswelt seines Helden wie einen Edelstein plaziert, den man in die sehr starke Fassung eines Schmuckstückes einsetzt, damit er besonders hell funkelt und leuchtet. Zunächst ist da die Waffe, ihr Geruch und die Kühle des Metalls, ihre Schwere und die Schönheit ihrer Verzierungen, das beruhigende, ja berauschende Gefühl ihrer Perfektion, die auf einen selbst überzugehen scheint. Sodann die Erinnerung an den Einbruch des unheimlichen Stückes Wild in die friedliche Ruhe der vertrauten Landschaft, an Schußhitze und Aufregung. Und schließlich die alles überlagernde Pein von Hierarchie und Männergesellschaft, von Lauttun und Jovialität über die Stille des Todes hinweg.

Inmitten all dessen wandelt und verändert sich Jüngers ängstlicher Held, indem er sich erst in den Eber, dann aber auch in den Schützen hineinversetzt und damit in die Ungeheuerlichkeit des Erlebnisses, jenem Tier, das dort verhöhnt auf der Erde vor ihm liegt, das Leben genommen zu haben. Macht, Schrecken, Herrlichkeit. Die peinvolle Überlegung, ob dieses Wesen in seinem Lebensrecht ebenbürtig sei. Ja, das ist es! Beschämung, weiche Knie, Herzklopfen, Übelkeit bis zum Erbrechen.

Es durchzieht die Figur des Jägers das gesamte Werk Ernst Jüngers, dabei changierend zwischen dem unsterblichen Jäger Orion, den er bereits 1915 im Kriegstagebuch als Freund anruft, und dem faschistischen Oberförster in *Auf den Marmorklippen.* Figuren wie Martin Venator, der Nachtsteward auf der Kasbah von *Eumeswil,* oder Clamor Elbling aus *Die Zwille* gehören ebenso in diesen Zusammenhang wie die Texte *Über die Linie* oder *Der Waldgang* oder *An der Zeitmauer*, in dem sich Jünger die Jagden des goldenen Zeitalters ausmalt, bevor Kain seinen Bruder Abel erschlug und der Krieg in die Welt kam. Denn zwar gleichen Jäger und Soldat einander – etwa in der Verschränkung von Schuld und Gesetz –, doch jener ist älter als dieser, sein Mythos der grundlegendere.

Jede Jagd erzählt als Erzählung, die sie ist, die Ebenbürtigkeit des Tieres, gerade in seiner Tötung, stets mit. Und zwar, indem sie den Menschen als Jäger in den *ordo* des Tieres hineinnimmt. Keinen anderen Raum gibt es, in dem wir dem Tier in seiner Welt als Tier so, nämlich ganz, begegnen. Jenseits dessen ist nichts als Stall und Käfig. In der Jagd aber begibt der Jäger sich in Gefahr, ist bedroht, dem Reich des Animalischen zu verfallen und selbst zum Opfer zu werden wie Aktäon, den Artemis in einen Hirsch verwandelte und von seinen eigenen Hunden zerreißen ließ. Die uralte Erzählung jeder Jagd ist die des Jägers, der auf der Suche nach dem Wild aus der Zivilisation in die Wildnis wechselt, vom Leben in die Sphäre des Todes. Eine Grenzüberschreitung, bei der er die Sphären mischt und sich stets in der Gefahr befindet, ein Sakrileg zu begehen und die göttliche Ordnung zu stören. Davon erzählt der Mythos der Jagd auf den Kalydonischen Eber. *Der Waldgang*, schreibt Jünger, *ist in erster Linie Todesgang. Er führt hart an den Tod heran – ja wenn es sein muß durch ihn hindurch. Der Wald als Lebenshort erschließt sich in seiner überwirklichen Fülle, wenn die Überschreitung der Linie gelungen ist.*

Zweifellos ist dies, was Armin Mohler in seinem Brevier der Konservativen Revolution deren *heroischen Realismus* genannt hat, eine Haltung zur Welt, die, hervorgegangen aus den antibürgerlichen Jugendbewegungen am Vorabend von 1914 und deren Desillusionierung im Weltkrieg, die Gegenwart gleichwohl bejahte, ihre Technik, ihre Gewalt, ihre gesellschaftlichen Umbrüche.

Nichts anderes als dieser heroisch-affirmative Realismus bestimmt noch heute die Literatur, vor allem aber alle filmischen Formate des Erzählens, zumal in Form der Kriminalerzählung als ubiquitärer literarischer Trivialform, die vorgibt, realistisch zu sagen, wie es ist, und dabei ihre Helden *hart an den Tod* heranführt. Die Koinzidenz ist kaum zufällig, ist doch die Autorengeneration Chandlers und Hammetts, wenn auch auf ganz andere Weise, vom selben Krieg geprägt wie diejenige Jüngers und Remarques. Zwar sind ihre Helden keine ehemaligen Frontkämpfer, sondern Privatdetektive, Outlaws und Nighthawks, dabei aber ganz ähnlich entwurzelte, einsame, hochmoralische Figuren im Dschungel und auf dem Schlachtfeld der modernen Städte, wie sie auch die Romane der Weimarer Republik bevölkerten.

Es ist charakteristisch für Ernst Jünger, daß er im selben Jahr 1929, in dem mit Remarques *Im Westen nichts Neues* der große Welterfolg der realistischen Kriegsliteratur erschien, die erste Fassung von *Das abenteuerliche Herz* publiziert und damit ebendiesen Realismus hinter sich läßt. Alle folgenden großen erzählerischen Texte Jüngers sind utopische – *Auf den Marmorklippen, Heliopolis, Gläserne Bienen, Eumeswil* und schließlich *Aladins Problem* –, denn utopisch ist für Jünger von nun an die Form selbst. Ihm ist bewußt geworden, daß seine Kriegserfahrungen mit dem Hyperrealismus und der ideologischen Verhärtung der zwanziger Jahre erzählerisch nicht abgegolten werden können, und so erfindet er sich in der Form als derjenige neu, der er gewesen sein wollte. Sein Realismus ist einer, der die Konstruktion dessen, was ist, in den Blick nimmt. *Ein Blitzlicht im Traum,* heißt es in *Siebzig Verweht III* an einer Stelle: *So beginnt ein Roman. Die Entwicklung ist bereits im Bild enthalten wie die Fäden in einem Garnknäuel; wir können sie entrollen und nach Belieben verflechten, eine Handlung entsteht.*

Das *Blitzlicht im Traum,* das den Roman eben nicht in der zeitlichen Entfaltung einer Geschichte, sondern als Form der Gleichzeitigkeit momenthaft aus dem Dunkel hebt, ist tatsächlich Metapher eines literarischen Verfahrens, das – so viel es auch der existentiellen Kriegserfahrung verdankt – sich denkbar weit vom Realismus der *Stahlgewitter* entfernt hat. Überdeutlich wird dies in *Die Eberjagd,* die mit folgendem Satz endet: *Das war der erste Abend, an dem Richard einschlief, ohne an das Gewehr gedacht zu haben; dafür trat nun der Eber in seinen Traum.* Dieses Tier hat einen Namen. Es existieren zwei Fassungen der Erzählung, und in der früheren heißt es: *doch dafür trat Gullin Bursti in seinen Traum.* Jünger geht sehr bewußt mit den mythologischen Implikationen dieses Tiers um. In der Erzählung *Besuch auf Goldenholm* schreibt er anspielungsreich: *Der Eber durfte in diesen Rauhnächten nicht fehlen*, und *Auf den Marmorklippen* zeichnet er einen roten Eberkopf auf die Standarte des Oberförsters, des dämonischen Tyrannen. Hier aber wird der Eber zum ohnmächtigen und vom dämonischen Förster kastrierten Tier. Und ist doch viel mehr. Denn Jünger unterlegt alle drei zentralen Akteure seiner Erzählung – den Jäger, den Förster, das Tier – mit mythischen Konnotationen: Atalante, Moosbrugger, Gullin Bursti.

Wir sahen schon, daß der Glücksschuß des Eleven Breyer sich an Schwabs Nacherzählung des antiken Stoffes orientiert, aber auch die Jugend der beiden Helden und die Problematik des Erwachsenwerdens verweist auf die Jägerin Atalante, in deren kindhaft-androgyne Erscheinung sich Meleager bei Ovid sofort verliebt:

Ihr Gesicht: Du könntest es mädchenhaft nennen,
Wenn ein Knabe es trüg', und knabenhaft, trüg' es ein Mädchen.
Calydons Held erblickt und begehrt sie zugleich.

Von hier rührt die für Jünger eigentlich etwas zu erlesene Bezeichnung Breyers als Eleve her. Kindhaft wie dieser, ist Atalante doch verantwortlich für das Verhängnis, das aus dem Tod des Ebers entspringt, und indem Jünger dies mit einem solchen Ausdruck unterlegt, schwingt der Frevel gegen die Naturgöttin Artemis auch bei Breyers Schuß noch mit. So diffizil diese Bezüglichkeit ist, so überdeutlich, als gliche die Anheftung der Bedeutung hier der Brutalität der Figur, trägt der Förster, der den Eber kastriert, in seinem Namen die Referenz an den Triebtäter aus Musils Roman *Der Mann ohne Eigenschaften*. Und wie ein Emblem bleibt sein Name sichtbar, während Atalante und Gullin Bursti mit den Veränderungen von der ersten zur zweiten und endgültigen Fassung der *Eberjagd* scheinbar aus der Erzählung verschwinden.

Auch im Text selbst nimmt Jünger zahlreiche Veränderungen vor. In der ersten Fassung spürt Richard, als er den Kadaver des Tieres betrachtet, *daß in diesem Geschöpfe noch die alte und absolute Freiheit lebte, die stolze Eigenart, die ihm verliehen war gleich einem Orden, ja, die die Orden und Wappen erst mit Sinn versieht. Da war noch eine Macht, die Raum hatte – viel Raum, den ihre Freiheit schuf. Man fühlte, daß sie unberührbar war, intakt und selbstherrlich vom Urahn her (…). Selbst töd-*

lich verwundet würde dieser Waldfürst mit furchtbarem Riß aufschlitzen, was sich ihm näherte. Das tote Tier verursacht ihm *ein Bangen, als stünde er vor dem Lager eines im Kampf gefallenen Recken, den auch die Gegner bewunderten. Fast schien es ihm unziemlich, daß sich hier die Augen weideten. Der Eber trug nicht nur Macht und Freiheit mit sich, sondern auch seinen Zauber, der nun profanen Blicken offenlag. (...) Nie hatte diesen Häuptling, noch irgendeinen seiner Ahnen eine Hand berührt. (...) Doch fühlte Richard wohl, daß er schon ferne weilte, in den geheiligten Bezirken, die sich dem Unverletzlichen eröffnen, dem stolzen und ungebeugten Sein. Er suchte sich gegen das sonderbare Gefühl zu wehren: daß ihm in diesem Augenblicke der Eber näher, verwandter als seine Hetzer und Jäger war. Und große Trauer kam in ihm auf.*

Wenig hiervon findet sich in der definitiven Version. Zurückgenommen ist vor allem der feudale Assoziationsraum, den Jünger doch so sorgfältig entworfen hatte und in dessen Mittelpunkt die Vorstellung des freien Tieres als eines Ur-Adels stand, der historisch zurückreicht hinter alle Sozietät. *Nie hatte ihn eine Hand berührt*, heißt es nun in der endgültigen Version lapidar. Indem Jünger so alle expliziten Zuschreibungen an das Tier tilgt, dessen Beschreibungen dabei aber nahezu unverändert läßt, bleibt es Vertreter eines Reiches, das wir als Leser ohne die Sprache des Mythos zwar nicht mehr benennen können, aber sehr wohl noch erahnen. Und diese Empfindung einer Bedeutung, die zugleich behauptet und geleugnet wird, ist es, die uns das Gewebe der Erzählung durchscheinend werden läßt, ohne daß es zerrisse. Die Fiktion bleibt intakt und ist doch als solche zu erkennen. Was nichts anderes beschreibt als das literarische Verfahren zur Erzeugung jener Empfindung beim Lesen, plötzlich etwas nahe zu sein, von dem man nicht zu sagen vermag, was es eigentlich sei.

Es ist diese Glücksempfindung der Bezüglichkeit, ja der Angebundenheit, eine der Erkenntnis. Am Ende der *Eberjagd* heißt es von Richard, er habe nun begriffen, *daß Tatsachen die Umstände verändern, die zu ihnen führten.* Wenn Literatur ein Erkenntnisinstrument ist, dann in eben dieser Weise. Nicht das, was wir durch sie an Tatsachen erfahren, macht realistische Literatur aus, sondern jene pulsierende Lebendigkeit, in der die Realität der Fiktion zugleich behauptet und transzendiert und die Erzählwelt Tatsache und Modell zugleich wird.

Lew Tolstoi: *Anna Karenina.* Aus dem Russischen neu übersetzt von Rosemarie Tietze. München 2009. | Ernst Jünger: *Die Eberjagd.* In: *Sämtliche Werke, Band 15.* Stuttgart 1978. | Ovid: *Metamorphosen.* Übersetzt von Erich Rösch. Mit einer Einführung von Niklas Holzberg. Zürich und München 1988. | Gustav Schwab: *Sagen des klassischen Altertums.* Frankfurt am Main 2001. | Ernst Jünger: *Kriegstagebuch 1914–1918.* Stuttgart 2010. | Isabelle Rozet: *Die großen Jagden. Eingang in die Welt des Mythos.* In: *Die großen Jagden des Mythos. Ernst Jünger in Frankreich.* Herausgegeben von Peter Koslowski. München 1996. | Daniele Beltran-Vidal: *Der poetische Schaffensprozeß bei Ernst Jünger: Sehen, Konzipieren, Komponieren.* In: *Die großen Jagden des Mythos. Ernst Jünger in Frankreich.* München 1996. | Armin Mohler: *Die konservative Revolution in Deutschland 1918–1932.* Darmstadt 1989. | Gilbert Merlio: *Der sogenannte »heroische Realismus« als Grundhaltung des Weimarer Neokonservatismus.* In: *Intellektuellendiskurse in der Weimarer Republik. Zur politischen Kultur einer Gemengelage.* Herausgegeben von Manfred Gangl und Gérard Raulet. Frankfurt am Main 1994. | Ernst Jünger: *Siebzig verweht III.* Stuttgart 1993. | Ernst Jünger: *Besuch auf Goldenholm.* Frankfurt am Main 1952. | Robert Musil: *Der Mann ohne Eigenschaften. Roman.* Reinbek bei Hamburg 1978. | Claus-Michael Ort: *Gullin Bursti und der Traum vom Mythos. Zum Verhältnis von Mythologisierung und Bedeutungstilgung in Ernst Jüngers Erzählung »Die Eberjagd« (1952 u. 1960).* In: *Ernst Jünger. Politik – Mythos – Kunst.* Herausgegeben von Lutz Hagestedt. Berlin und New York 2004.

PETER SCHLEMIHL

Kein höflicherer Versucher ist denkbar als jener graue Mann, mit dem sich der arme Peter Schlemihl auf einen fatalen Handel einläßt. *Mit einer bewunderungswürdigen Geschicklichkeit sah ich ihn meinen Schatten, vom Kopf bis zu den Füßen, leise von dem Grase lösen, aufheben, zusammenrollen und falten und zuletzt einstecken.* Was folgt, macht Chamissos Erzählung zum Schulstoff, ohne daß dies ihrem anrührenden Helden gerecht würde. Wobei der Pakt mit dem Teufel Schlemihl, wie die Märchendramaturgie es verlangt, zunächst in die Einsamkeit stößt. *Wo hat der Herr seinen Schatten gelassen?* fragt schon die Schildwache am Stadttor, und so fragen von nun an alle.

Ein Leben in der Nacht beginnt, in umständlich ausgeleuchteten Räumen und mit angstvollen Spaziergängen im Schattenwurf des treuen Dieners. Als zuletzt auch die Liebste verlangt, daß er ihr seinen Schatten präsentiere, läßt Schlemihl sich auf einen Kampf mit dem Teufel ein, der ihn nur doppelt einsam zurückläßt, ohne Liebe und ohne die Börse, die bis dahin unendlich Goldstücke ausspuckte. Einzig ein neues Zauberutensil bekommt er, wie zum Hohn, von dem freundlich unbarmherzigen Teufel: Siebenmeilenstiefel bringen den armen Schlemihl von nun an mit einem Schritt ins Eis der Pole und mit dem nächsten in die Wüsten Ägyptens, die ganze Welt steht ihm offen, und sie ist ihm leerer und einsamer denn je.

Doch im Moment ihrer größten Trostlosigkeit nimmt diese *wunderliche Geschichte* eine überraschende Wendung, für deren Verständnis man wissen muß, daß Schlemihl zwar keinen Schatten, wohl aber einen Autor hat, und daß dieser, anders als jener, ihm ständig folgt. Ihm erzählt Schlemihl nun seine Geschichte, und dabei begreift man, daß er weniger in die Märcheneinsamkeit verbannt ist als vertrieben aus dem höchst konkreten Kreis des intellektuellen Berlins um 1800, zu dem außer dem Autor auch Fouqué, Hitzig und E.T.A. Hoffmann gehörten. Kaum ein literarischer Text faßt das abgründige Verhältnis eines Autors zu seinen Figuren so genau wie *Peter Schlemihls wundersame Reise.* Keiner von Chamissos Zeitgenossen, so exzessiv sie sich als Romantiker auch mit den Ambivalenzen von Erfinder und Erfindung auseinandergesetzt haben, erzählt die tiefe, intime Traurigkeit dieser Beziehung so wie diese Figur, was ich selbst erst begriff, als er plötzlich in einem meiner Romane auftauchte. Er erschien in der *Pfaueninsel*, weil ich ihm an anderer Stelle begegnet und er mir einfach gefolgt war, und da wußte ich mit einem Mal: Jeder Autor wird zum Schatten seiner Figur. Das Eigene gruppiert sich um nach Maßgabe der Erfindung.

Auch den heutigen Leser rührt noch die Volte, wie Schlemihl sein schattenlos-einsames Leben schließlich annimmt und nutzt, um als märchenhafter Humboldt mit seinen Siebenmeilenstiefeln die Welt zu durcheilen, sie zu vermessen und ihre Flora und Fauna zu beschreiben. *Und so, mein lieber Chamisso, leb' ich noch heute.* Selbst wenn die Liebe, die wir in uns haben, keinen einzigen Menschen auf der ganzen Welt mehr findet, bleibt uns die Gemeinschaft der Texte. Das ist nicht märchenhaft, das ist utopisch. Schlemihls letzter Wunsch an seinen Autor lautet, *daß vor meinem Tode meine Manuskripte bei der Berliner Universität niedergelegt werden.*

Adelbert von Chamisso: *Peter Schlemihls wundersame Reise. Mit Illustrationen von Emil Preetorius.* Leipzig 1908.

AUS DER OHM / WACHSEN INSELN

Wo aber fließt die Ohm? Von Frankfurt aus geht es nach Norden zu ihr, über die Anhöhen des Taunus hinweg und wieder hinab in die Wetterau mit ihren Streuobstwiesen, schön ist der Blick über die fruchtbare Ebene, Bad Nauheim und Friedberg liegen darin, ein Stück weiter nördlich mäandert die Lahn zwischen den beiden Universitätsstädtchen Marburg und Gießen, dazwischen ragen Gleiberg, Vetzberg, Dünsberg, Schiffenberg auf: Asphaltkegel ehemaliger Vulkane, auf einem davon die Ruine der Burg Staufenberg, zu ihr hinauf schiebt sich das gleichnamige Dorf, in das nach dem Krieg als Flüchtling aus Böhmen Peter Kurzeck kam. In dem Städtchen Lollar, auf das er von dort hinabsah, mündet die Lumda in die Lahn.

Folgt man ihr drei Dörfer flußaufwärts, kommt man nach Treis, wo ich geboren wurde und aufwuchs. In Lollar befindet sich auch noch immer die wichtigste Industrieansiedlung der Region, die Eisenhütte Buderus, die Kurzeck immer wieder geschildert hat und bei der mein Vater ebenso arbeitete wie die meisten anderen Väter, die ich kannte. Der erste Supermarkt der Umgebung wurde in Lollar eröffnet, und bald, nachdem meine Eltern begonnen hatten, dorthin zum Wocheneinkauf zu fahren, schlossen die Läden im Dorf. Aber es verschwanden auch die alten Männer mit den Armeemützen, und irgendwann gab es auch den Einbeinigen nicht mehr, und so schien alles seine Richtigkeit zu haben, zumal unverändert einmal im Jahr Kirmes war mit Dromedaren, Luftgewehren und Autoscooter.

Durch die alten Buchenwälder um den Totenberg, den Hausberg meines Heimatortes, gelangt man ins Amöneburger Becken, katholische Enklave im evangelischen Oberhessen, und dort unweigerlich an die Ohm, an der, in Nieder-Ofleiden, Paulus Böhmer einen Großteil seiner Kindheit verbrachte.

Nieder-Ofleiden ist alt. *Vfleida* heißt es um 750 im Urkundenbuch des Klosters Fulda, *Vfleidin* 1151 im Mainzer Urkundenbuch, *Vfleiden* 1240 im Urkundenbuch der Deutschordens-Ballei, *Offleyda* 1249 im Urkundenbuch des Klosters Arnsburg, *Niddernufleyden* 1587 in den Saalbüchern des Kreises Alsfeld und schließlich *Niederoffleiden* auf einer Karte des Kurfürstentums Hessen von 1840, und ich meine in diesem Wort über die Jahrhunderte hinweg den Dialekt meiner Herkunft zu hören, und selbst die Landschaft, in die hinein er gesprochen wird.

Als ich noch ein Kind war,

schreibt Paulus Böhmer,

wußte ich nicht,
wohin ich den Fuß setzen sollte: ein Schritt –
ich versänke im Moor, im Dickicht, im tückischen Teppich
aus Moos, Tannennadeln, totem Getier, stürzte
die Felsen hinunter, in das Dickicht der Weiber,
in die Löcher der Ohm.

Die Bäche im kargen Oberhessen sind weniger Labsal als auflösendes, enervierendes Gefließe, unheimlich dunkel die verschatteten Kehlungen ihrer Schleifen, selbst im Sommer so eisig, daß man als Kind Kopfschmerzen bekam, wenn man durstig zu schnell daraus trank. *Bubb* nannte mich Paulus Böhmer später gelegentlich, *ach Bubb*, und ich erinnere mich noch genau an den resigniert-spöttischen Klang seiner Stimme. Von Staufenberg nach Treis sind es etwa fünf, von Treis nach Nieder-Ofleiden achtzehn Kilometer. Die erste Lesung eines Schriftstellers, die ich erlebte, war die von Peter Kurzeck in einer Gaststätte in Staufenberg, das erste Gespräch mit einem Schriftsteller über

Literatur hatte ich mit Paulus Böhmer im Kurhaus von Bad Salzhausen, einem winzigen, aus der Zeit gefallenen Hessischen Staatsbad mit kleinem Park und hölzernen Kuranlagen eine Stunde von Frankfurt entfernt. Frankfurt liegt bereits jenseits des Limes, ist römisch, ist Weinland, ist Süden, und als ich in den achtziger Jahren zum Studium dorthin zog, waren Peter Kurzeck und Paulus Böhmer schon in der Stadt.

Es gehört zu einer dörflichen Herkunft, sie so lange zu entwerten, bis man selbst überzeugt ist, gar keine zu haben. Doch die daraus resultierende Gleichgültigkeit ist wie Schorf, der eine Wunde abschließt und zugleich markiert, man weiß nicht mehr, ob diese Markierung für etwas steht, das es tatsächlich gegeben hat, oder ob der juckende Schmerz sich nur der Einbildung verdankt. Es hat lange gedauert, bis ich darüber nachzudenken begann, was es bedeutete, aus der dörflichen Heimat weggegangen zu sein, aus jenem grauen, verregneten Oberhessen, in dem der Putz aus dem durchweichten Fachwerk fiel, die alten Frauen noch ihre schwere schwarze Tracht trugen und das noch in meiner Kindheit bestimmt war vom Krieg, der, obwohl oder weil er niemals dort gewesen ist, gerade erst vorbei zu sein schien.

In diese Welt ragte jene der Heimatvertriebenen hinein, zu der meine Mutter ebenso gehörte wie Peter Kurzeck. Es gibt einen vaterlosen Selbstekel in seiner Beschreibungswut, den ich nur allzugut verstehe. Das Bewußtsein, für immer abgeschnitten zu sein von der eigenen Herkunft, und das an einem Ort, an dem alles Herkunft war. Und so, wie Peter Kurzeck die Vaterlosigkeit ersetzte durch seine unendliche Beschreibungsgenauigkeit und sein unbestechliches Gedächtnis, Kardinalstugenden des Romanciers – *Ich fange noch einmal von vorn an. Das Dorf steht auf einem Basaltfelsen,* beginnt sein Roman *Kein Frühling* –, so ist das Leben des Dichters Paulus Böhmer romanhaft aus sich, und weil bei ihm alles Herkunft war, besteht seine Dichtung aus deren Bannung und Abwehr.

Seine Mutter, aus der Familie der Schencken zu Schweinsberg, die sich zum hessischen Uradel zählt, führte als junge Frau, so erzählt es die Familienlegende, im Berlin der zwanziger Jahre einen Leoparden spazieren und war schon Faschistin, als das noch als modische Attitüde durchging. Sein Vater, Architekt und SS-Mitglied, wurde nach der Besetzung Polens von Albert Speer beauftragt, in Posen das dortige Schloß zur Führerresidenz umzubauen. 1943 meldete er sich überraschend an die Front und fiel noch im selben

Jahr, woraufhin die Mutter mit ihren vier Kindern nach Nieder-Ofleiden und zu ihrem Glauben zurückkehrte. Das zweigeschossige Herrenhaus aus Fachwerk zeigt seine Front mit der Auffahrt unter alten Bäumen den ärmlichen Häusern des Dorfes, die Rückseite aber öffnet es zu einem verwunschenen Park. Die erste Zigarette rauchte Paulus Böhmer im Mai 1945 aus Anlaß der Kapitulation, ein amerikanischer GI schenkte sie ihm. Da ist er neun. In seinem Langgedicht *Die Ohm* heißt es:

Bald
wirst du woanders
was anderes sein.

Es ist die Ohm selbst, die das sagt. Jeder Herkunft ist das Wasser, das durch sie hindurchfließt, unheimlich. Es kommt in ihr ans Licht und verläßt sie wieder, unverändert und doch zugleich in unendlich wechselnder Gestalt. Darin gleicht sie der Sprache. *Es ist auch wahr, ja: wahr! Daß kein Wort bei seinem nächsten und übernächsten Erscheinen je noch die gleiche Bedeutung haben kann.* Und es ist seltsamerweise eben diese Eigenschaft der Sprache, die uns verbindet und nicht, wie man vermuten könnte, voneinander trennt. So gab es auch in meiner Kindheit amerikanische Soldaten, und obwohl es andere waren, waren es in der Sprache ganz dieselben wie jene, die man in Böhmers Gedichten antrifft. Im Herbst fuhren sie mit ihren Panzern im Manöver durch die Wälder, die Schüsse hallten dumpf über das Tal, ohne daß man genau zu sagen vermochte, woher. Wir sammelten die leeren Patronenhülsen, und beim Kreischen der stählernen Panzerketten über die Bürgersteige der zu engen Straßen des Dorfes schlug uns das Herz bis zum Hals.

Paulus Böhmer sagt, es sei die Musik der GIs gewesen, die ihn aus Oberhessen herausgelockt habe. Lange Jahre fand sich in all seinen Büchern der immer gleiche Lebenslauf, der unter anderem Tätigkeiten als *Industriekaufmann, Stauden- und Ziergraszüchter, Reizwarenlieferant, Werbetexter* auflistete. Das Medium seiner Gedichte ist der Atem, der über dic ganze Schöpfung hinstreicht. Dabei sind sie formal ganz eins mit ihrem Gehalt, denn während Lyrik normalerweise die Buchseiten wie Räume besetzt und statisch organisiert, fallen seine Verse der Leere unterhalb des Blattes entgegen, gehalten einzig von der nicht endenden Zeit- und Mittelachse, wie Wasser, das fließt und rieselt und tropft. Niemand findet traurigere und schönere, wortgewaltigere und zartere Bilder für den Schmerz über die verlorene oder niemals besessene oder auch nur ersehnte Heimat.

Aus der Ohm
wachsen Inseln. Gewitter wuchern.
Der flache Atem der Tierkörper. Die
erschreckenden Innenauskleidungen
der Frau. Als eine Frau
das Kinn eines Mannes berührt, um seinen Blick
aufzurichten, beginnt er zu weinen.
Zwischen den Zweigen
erscheint ein Gesicht und verschwindet
für alle Zeit.

Paulus Böhmer: *Die Ohm.* Ostheim/Rhön 1997. | Peter Kurzeck: *Kein Frühling. Roman.* Frankfurt am Main und Basel 1987.

THEORIE

Großer Kant.

Zu dir rufe ich wie ein gläubiger zu seinen Gott um Hilf, um Trost, oder um Bescheid zum Tod, hinlänglich waren mir deine Gründe in deinen Werken vor das künftige seyn, daher meine Zuflucht zu dir, nur vor dieses leben fand ich nichts, gar nichts, was mir mein verlohrnes Gut ersezen könnt, den ich liebte einen gegenstand der in meiner Anschauung alles in sich faste, so das ich nur vor ihn lebte er war mir ein gegensaz vor das übrüge, dan alles andere schien mir ein Tand und alle Menschen waren vor mich wie auch wirklich wie ein gwasch ohne inhalt, nun diesen gegenstand hab ich durch eine langwirige lug beleidigt, die ich ihn jezt entekte, doch war vür mein karakter nichts nachteihliges darin enthalten, dan ich habe kein laster in meinen leben zu verschweigen gehabt, doch die lug allein war ihn genug, und seine liebe verschwand, er ist ein Ehrlicher Mann, darum versagt er mir nicht Freindschaft und treu, aber dasjenige innige gefühl wel-

ches uns ungerufen zu einander fürte ist nicht mehr, o mein Herz springt in Tausend stük, wen ich nicht schon so viel von ihnen gelesen hätte, so häte ich mein leben gewis schon mit gewalt geändet, so aber haltet mich der schlus zurük den ich aus ihrer Tehorie ziehen muste, das ich nicht sterben soll, wegen meinen quelenden leben, sondern ich solt leben wegen meinen daseyn, nun sezen sie sich in meine lag und geben sie mir trost oder verdamung, metaphisik der Sitten hab ich gelesen samt den Kategorischen imperatif, hilft mir nichts, meine vernunft verlast mich wo ich sie am besten brauch eine antwort ich beschwöre dich, oder du kanst nach deinen aufgeseten imperatif selbst nicht handln.

Die adres an mich ist Maria Herbert in Kärtn a Klagenfurt bei der Bleiweis Fabriek abzugeben.

Auch das Denken hat seine Märchen, und es erzählt sie sich, wenn es nicht schlafen kann und Angst hat im Dunkeln. Diese Märchen kommen aus den Gräbern der Gesamtausgaben, den Miszellen und Paralipomena, aus den Briefwechseln und Entwürfen, und sie handeln fast immer von jenem Zwielicht und in jenem Zwielicht, in dem die Grenze zwischen Subjekt und Text verschwimmt. Meist sind es räudige, rührende, zwittrige, vom Dienst der Altäre ausgeschlossene und doch heißgeliebte Geschichten. Die von Maria von Herbert aus Klagenfurt ist eine davon. *Großer Kant. Zu dir rufe ich wie ein gläubiger zu seinen Gott um Hilf, um Trost, oder um Bescheid zum Tod.* Dieser Brief ist real. Doch es ist mehr Realität an diesem Brief, als dieser Brief ist, denn real ist auch, daß er Dich anspricht, als wärst Du sein Adressat. *Zu dir rufe ich wie ein gläubiger zu seinen Gott um Hilf, um Trost, oder um Bescheid zum Tod.* Als ginge da ein Mund vor Dir auf und zu. Als deutete da ein Finger auf Dich. Als sähe ein verzweifeltes Augenpaar Dich an und ließe den Blick nicht von Dir. Und Du weichst ängstlich zurück in Dein Königsberg, in Deine Stube, in Deine *Nicht-an-Lampe-denken-Welt,* so gut es eben geht. Auch das ist real an diesem Brief. *Zu dir rufe ich.* Und Du kannst nicht helfen.

In den dunklen Märchen, die das Denken sich erzählt, ist es immer die Erzählbarkeit des Denkens, um die es geht. Ist es immer die Differenz von Verstehen und Verständnis, um die sie kreisen. Sind es immer die Indizien und Spuren des Lebens selbst und die Frage, was von ihm bleibt in der Sprache.

Was, fragt Christa Bürger aus Anlaß der Briefe Maria von Herberts, *was geschieht mit dem Gerüst der Begriffe und Kategorien, wenn einem das Leben in seiner unmittelbaren beängstigenden Unbestimmtheit gegenübertritt?* Das ist die Frage, die all diese Märchen stellen. Sie handeln von der Beziehung des Denkens zum Erzählen, von dem, was Theorie heißt und was Literatur. Dabei ist die Geschichte der Maria von Herbert schnell erzählt. Der Vater Fabrikbesitzer aus Klagenfurt, den man in den Freiherrenstand erhoben hatte, wird sie um 1770 geboren und kommt schon als junges Mädchen im Haus ihres Bruders mit der Philosophie Kants in Berührung. *Das Herbertsche Haus,* schreibt Friedrich Karl Forberg, ein Zeitgenosse, *ist ein Athen. Männer, Jünglinge, Frauen und Mädchen – kurz, alles huldigt der Philosophie! Alle sind bis zum Enthusiasmus für sie eingenommen, und zwar aus dem edelsten Beweggrunde, aus dem Bedürfnis einer besseren Religion!*

Der Name des Mannes, in den Maria sich verliebt, ist nicht überliefert. Wohl aber, daß sie ihm eine frühere Beziehung zunächst verschweigt und daß nach ihrem Geständnis seine Liebe erkaltet, hat sie sich doch der Kantischen Todsünde der Lüge schuldig gemacht. In dieser Situation wendet die verzweifelte Zwanzigjährige sich im August 1791 an den Philosophen mit ihrer flehentlichen Bitte um *Hilf, um Trost, oder um Bescheid zum Tod.*

Es geht ihr um alles: wie sie leben oder ob sie sterben darf. Denn Maria, diese *Freigelassene einer aufgeklärten Zeit,* wie Christa Bürger schreibt, hat das

Grundprinzip der kantischen Morallehre, das bedingungslose Verbot zu lügen, (...) das Glück ihres Lebens gekostet. Und nun stellt sie in ihrem Leid diese Lehre selbst auf den Prüfstand. *Hilft mir nichts,* schreibt sie dem Philosophen über seinen kategorischen Imperativ. Dabei ist ihr Brief nicht nur voll von der Verzweiflung einer Liebenden, er atmet auch den überhitzten Ton der Revolution, die den Bürger Kant haftbar machen zu können meint. Gerade erst hat der französische König versucht, nach Varenne zu entkommen, kaum zwei Jahre zuvor sind in Paris die Allgemeinen Menschen- und Bürgerrechte deklariert worden. Die Ereignisse überstürzen sich. Kant aber läßt sich Zeit mit seiner Antwort. Als sie Maria von Herbert im Frühjahr 1792 endlich erreicht, wird in Paris der Tod durch die Guillotine gerade zur einzigen Hinrichtungsart erklärt.

Ihr affectvoller Brief, aus einem Herzen entsprungen, das für Tugend und Rechtschaffenheit gemacht seyn muß, weil es für eine Lehre derselben so empfänglich ist, die nichts Einschmeichlendes bey sich führt, reißt mich dahin fort, wo sie mich hin verlangen, namlich mich in ihre Lage zu versetzen und so über das Mittel einer reinen moralischen und dadurch allein gründlichen Beruhigung für sie nachzudenken. Und zwar will er, schreibt Kant der jungen Frau, *wie es in Predigten gehalten zu werden pflegt*, ihr *Lehre Strafe und Trost* vermitteln. Gerade Tröstung aber würde wohl niemand bei dem ausgezirkelten Schreiben empfinden, das die junge Frau da in der Hand hält. Die *steinerne, undurchdringliche Wand, die wir hier aufgerichtet sehen zwischen einer Welt des Geistes und dem Immoralismus der Natur,* schreibt Benjamin sarkastisch, *scheint uns der erhabenste Kommentar zu der menschlichen Gestalt Kants zu sein.*

Gleichwohl wendet Maria von Herbert sich 1793 im Januar ein zweites Mal an ihn. Da hat man in Frankreich gerade den König hingerichtet. Sie dankt Kant erst für sein Schreiben, das ihr sehr geholfen habe, und schildert dann in nachgerade schauerlicher Ruhe ihr nun völlig leeres und sinnloses Leben. Insbesondere vom *Kaltsinn* des verlorenen Liebsten schreibt sie und kommt schließlich auf ihren Wunsch zu sprechen, *der einzige den ich habe, nemlich mir dieses so unnüze leben, in welchen ich fest überzeigt bin, weder beßer, noch schlimer zu werden, zu Verkürzen.* Sie bittet Kant also ein zweites Mal um Absolution für ihren Selbstmord. Sollte er ihr diese aber vorenthalten, schreibt sie weiter, *fodere ich ihr Gefühl des Wohlwollens auf, mir etwas an die Hand geben, womit ich diese unerträgliche leere aus meiner Seele schaffen könnt.* Und bittet ihn schließlich noch, wenn er sich *mit einer Antwort bemühen* wolle, diese *so einzurichten, das sie nur das einzilne, nicht daß algemeine betrift.*

Mit der Philosophie, heißt das, hat sie abgeschlossen. Ergreifend, wie ihr Brief von der ganz irrealen Möglichkeit einer konkreten Hilfe aus eine erstaunliche Volte schlägt. Wenn, schreibt Maria von Herbert, alles sich gut entwickle, die Option des Todes also zurückgewiesen werden könnte, sei sie *willens in etlichen Jahren eine Reise nach Königsberg zu machen,* um ihn, Kant, zu besuchen. Eine Reise also aus der Todeszone Philosophie in die Realität eines sinnvollen Lebens. Denn sie *möchte wießen, zu welcher lebensweiße ihre philosophie Sie führte, und ob es ihnen auch nicht der Muhe werth war, sich ein Weib zu nehmen oder sich irgend wem von ganzen Herzen zu widmen, noch ihr Ebenbild fortzupflanzen.*

Obwohl es also dem Philosophen mit seiner Predigt gelungen war, die junge Frau so sehr zu knebeln, daß ihr ganzes Leben in Einförmigkeit versunken ist, genügt ihr doch auch jetzt noch ein Funke Lebendigkeit, sich vorzustellen, wie es wäre, die Kantische Philosophie in der Physiognomie ihres Verfassers auf Tauglichkeit zu prüfen. Sie schreibt ihm, sie habe sein *Porträt von Leibpzig bey Bause in stich bekomen,* eines der kanonischen Bilder Kants mithin, das den Philosophen im Profil zeigt, mit Zopf und weißem Halstuch im Rock, die Wangen verschattet, die hohe Stirn hell, in gebückter Haltung der Blick geradeaus, die Mundpartie mit den wulstigen Lippen. Daß sie darauf *wohl einen Moralischen Ruhigen Tiefen aber keinen Scharf Sinn enteke, den mir die Kritik der reinen Vernunft doch Vor allen anderm versicherte,* schreibt sie dem Philosophen auch.

Von Klagenfurt nach Königsberg sind es weit über tausend Kilometer. Wochenlang wäre Maria von Herbert unterwegs gewesen von einer Relaisstation der Schnellpoststrecken zur nächsten, zunächst von Klagenfurt nach Graz und von dort weiter nach Wien, dann nach Böhmen und über Brünn und Olmütz, Österreich verlassend, nach Kattowitz und weiter nach Lodz. Bei Thorn hätte sie vielleicht die Weichsel überquert und wäre, über Graudenz, Marienburg und Elbing, schließlich nach Königsberg gelangt. Und weshalb? *Vor allen anderm auch bin ich nicht zufrieden daß ich sie nicht in's mitte Geßicht kann.*

Als sie anklopft und eintritt, kommt, stelle ich mir vor, aus der Küche ein kläffendes Hündchen herangesprungen und die Köchin, die sie nach ihrem Begehr fragt. Es ist später Vormittag mitten in der Woche, was heißt, daß Kant sich nach seiner Vorlesung wieder an den Schreibtisch zurückgezogen hat. Unwirsch führt die Köchin sie die knarrende, steile Stiege hinauf und links am Eßtisch vorüber in die Putzstube. Maria von Herbert mustert das Sofa, den Glasschrank mit einigem Porzellan, die leinenbezogenen Stühle, den Sekretär, die nackten weißen Wände. Da haben sie und ihr Bruder es in Klagenfurt um einiges schöner. Die Köchin klopft an die armselige Tür des Arbeitszimmers, und dann hört sie zum ersten Mal Kants Stimme. Er bittet herein!

Zwei Tische, ein noch einfacheres Sofa als zuvor, grünseidene Vorhänge an den kleinscheibigen Fenstern, eine Kommode und der hölzerne Halbzirkelstuhl des Philosophen, der aufsteht, als sie den Raum betritt. Über dem Schreibtisch das Bild Rousseaus, das sieht sie gleich. Die Wände vom Pfeifenrauch ganz geschwärzt. Sein aufgeschreckter, unruhiger Blick. Sie nennt leise, aber deutlich ihren Namen. Kant macht zunächst Anstalten der Abwehr, doch dann bittet er sie doch zögernd, sich zu setzen. Eine noch immer junge Frau von Mitte zwanzig, ein dunkler Typ wie viele Kärntnerinnen, etwas knochig und mit schweren Lidern, doch von einer natürlichen Gesundheit und spürbar unterdrückter Vitalität, die den kleinen Raum atemnehmend ausfüllt. Kaum war sie am Vorabend angekommen, hatte sie das duftige Musselinkleid, das sie für diesen Moment dabei hat, von der Mamsell im Hotel ausbürsten und plätten lassen. Wie es das *Journal des Luxus und der Moden* auch über die neueste Pariser Mode verbreitet, zeigt es von ihrem Dekolleté mehr, als noch vor wenigen Jahren sittsam gewesen wäre. Darin sitzt sie Kant nun gegenüber, und weil sie schweigt, werden seine gestischen und rhetorischen Abwehrversuche nach und nach schwächer. Die Köchin bringt Likör. Er schenkt ihnen beiden ein, in winzigkleine Gläschen. Dann sitzt auch er still, und sie kann ihn betrachten.

Bevor sie ihrer Sehnsucht nach dem Tod nachgibt, will sie dies noch wissen: ob Kants Leben seine Philosophie beglaubigt, heißt es bei Christa Bürger. *Würde der Philosoph, Auge in Auge mit ihr, sein Leben als eine Geschichte darstellen, die sie, hörend, sehend, als Sinn-voll annehmen könnte.* Auch die Literaturwissenschaftlerin Christa Bürger haben die Lebensspuren ihrer Heldinnen immer weiter an jene Grenze herangeführt, an der die Frage nach dem Preis von Theorie sich stellt und nach dem Wert des Erzählens im emphatischen Sinn.

Es flackert das Gesicht Maria von Herberts, auf ihrem Stuhl vorgebeugt wie ein Kind und mit jener insistierenden Strenge, die nur Kinder haben, über die innere Leinwand des Lesers. Und wie Kant, in der Hand das Likörgläschen, sich jetzt mit dünnem Lächeln zurücklehnt. Und den Blick auf das Dekolleté der jungen Frau vermeidet. Die eilig aufgesetzte Perükke sitzt schief.

Maria betrachtet den Philosophen, und plötzlich durchströmen Erinnerungen an ihre Jugend sie noch einmal peinlichglühend. Der Garten hinter dem Haus. Der Bruder, dem sie sich immer so nahe gefühlt hat, und wie sie sich vorlasen und nichts verstanden und dennoch stritten über jeden Satz und wie dann er, zum ersten Mal, dazugekommen war. Sie hört sein Lachen wieder und schiebt die Erinnerung mit aller Gewalt zur Seite. Das Herzklopfen, wenn sie in der kleinen Kirche, in der die Familie für gewöhnlich das Abendmahl nahm, heimlich die *Grundlegung zur Metaphysik der Sitten* des verbotenen Philosophen aufschlug, zur Tarnung schwarz in Leder gebunden und mit einem goldenen Kreuz daraufgeprägt. Wie lange das alles her ist! Maria von Herbert mustert Kant noch immer, und jetzt öffnet sie den Mund, und was sie sagt, läßt sein maskenhaftes Lächeln zerrinnen.

Es existiert ein dritter und letzter Brief der nun Dreiundzwanzigjährigen an den Philosophen, abgesandt zum Jahresanfang 1794. Marie-Antoinette ist zu diesem Zeitpunkt bereits tot und Robespierre gerade Vorsitzender des Wohlfahrtsausschusses geworden. Der Terror wütet und Maria schreibt: *Gern wollt' ich meine künftigen Lebenstage an die Ihrigen hängen, um Sie beim Ausgang der französischen Revolution noch in dieser Welt zu wissen.* Ihr Wunsch geht in Erfüllung. Doch am 23. Mai 1803, fast ein Jahrzehnt nach diesen Zeilen und nachdem sie am Morgen in ihrer Heimatstadt Klagenfurt munter und aufgeräumt ein Frühstück für Bekannte gegeben habe, wie es in einem zeitgenössischen Bericht heißt, ertränkt Maria von Herbert sich in der noch winterkalten Drau.

Christa Bürger, meine akademische Lehrerin im Frankfurt der achtziger Jahre, legt den Kopf schief und blinzelt. So also endet dieses unglückliche Märchen, das von der Macht des Denkens erzählt und von den Zurichtungen der Theorie und das dabei doch vor allem Erzählung ist. Vielleicht ist es an der Zeit, die Abdrücke der Theorie in den Leben ihrer Leser nicht länger als Spuren des Fortschritts in eine Zukunft hinein entziffern zu wollen, für die der Einzelne nur den zufälligen Boden ihrer Verwirklichung abgibt. Und vielleicht ist das tatsächlich erst jetzt möglich, in dem Moment, in dem der Glaube an diese Verwirklichung verweht und der Weg in die Zukunft unsicher geworden ist.

Damals, in den Jahren nach 1968, sagt Peter Bürger leise und legt dabei, wie er das oft tut, wenn er sich konzentriert, beide Handflächen auf den Tisch, *damals gründeten wir unseren Geschichtsoptimismus zwar nicht mehr auf die Rede vom Proletariat, wohl aber auf ein unerschütterliches Vertrauen auf die gesellschaftliche Wirkung emanzipatorischer Theorie.* Und er setzt hinzu: *verstrickt, wie wir waren, in ein Wunschdenken, das die Wirklichkeit der alten Bundesrepublik kaum berührte.*

Es werden die Spuren der Theorie in den Lesern, wenn die Zukunft verschwindet, zu Malen, die wir nicht mehr lesen, deren Gewaltsamkeit wir nur mehr nachempfinden können. Diesen Moment erleben wir jetzt. Es ändert die Theorie, die diese Abdrücke einmal erzeugte, ihren Status. Von dieser historischen Zäsur berichtet etwa Philipp Felschs Diskursgeschichte *Der lange Sommer der Theorie,* die nicht zufällig mit der Beschreibung einsetzt, was Adorno Mitte der fünfziger Jahre für den jungen Intellektuellen und späteren Merve-Verleger Peter Gente bedeutete: *Ich habe die »Minima Moralia« also gute fünf Jahre mit mir rumgeschleppt. Jeden Tag, immer bei mir, so ein richtiges Vademekum.*

Christa Bürger sieht mich ernst an und legt, aus dem Nichts hervorgezaubert, eben dieses Buch auf den Tisch. *Minima Moralia – Reflexionen aus dem beschädigten Leben.* Es ist erkennbar dieselbe Ausgabe, die Gente bei sich gehabt haben muß, die Schrift auf dem Umschlag steht in Versalien und statt eines *ä* hat man in *beschädigten* eine ganz ungewöhnliche Ligatur von *a* und *e* gedruckt. Christa Bürgers Mund spricht den entsprechenden Text aus ihrer Autobiographie mir mitten ins Gesicht: *Unerbittlich umkreiste das dialektische Denken Adornos das Dilemma des Intellektuellen: sich »rein« zu erhalten von der materiellen Praxis und dadurch mit seinem Denken ins Leere zu zielen; oder mit dem Wunsch, sie zu verstehen, die Fähigkeit zum Einspruch zu verlieren. Wie wir es machten, wir machten es falsch. Wir waren Nutznießer einer schlechten Gesellschaft, und doch hing von unserer gesellschaftlich unnützen Arbeit das Gelingen einer von Nützlichkeit emanzipierten Gesellschaft ab. Adorno sah aus dieser Verstricktheit keinen Ausweg, nur eine Haltung eben, ein moralisches Minimum.* Sie macht eine Pause und sieht mich fragend an. Nimmt, als ich nichts sage, das Buch vom Tisch, schlägt es auf und liest: *Das einzige, was sich verantworten läßt, ist, den ideologischen Mißbrauch der eigenen Existenz sich zu versagen und im übrigen privat so bescheiden, unscheinbar und unprätentiös sich zu benehmen, wie es längst nicht mehr die gute Erziehung, wohl aber die Scham darüber gebietet, daß einem in der Hölle noch die Luft zum Atmen bleibt.*

Es führt eine direkte Linie von Kants brieflichen Disziplinierungsversuchen der Maria von Herbert zu Adornos Pathos einer Philosophie, in der dem Menschen kein Lebensglück, sondern einzig der Ablaß eines utopischen Denkens noch bleibt, für das er seine Gegenwart zu opfern habe. Doch das Versprechen, das dieses Denken enthielt, wurde enttäuscht. *Wir haben von einer neuen Aufklärung geträumt, aber der neue Diderot, der neue Rousseau blieben aus,* sagt Peter Bürger leise, während seine Frau das Buch wieder schließt und müde auf den Tisch zurücklegt. *So glichen die Jahre um 1968 einer Morgenröte, auf die kein Mittag folgte.*

Etwas ist zu Ende. Und Peter Bürger macht sich an die Relektüre jener Autoren, die von der Kritischen Theorie seinerzeit ausgeschlossen wurden. *Die Frage, »wird Spengler recht behalten?«, die Adorno immer wieder beschäftigt hat,* ist der Ausgangspunkt seiner letzten Studien, also die These Oswald Spenglers, wonach *der Mensch nicht nur vor dem Entstehen einer Kultur geschichtslos ist, sondern wieder geschichtslos wird, so-*

bald eine Zivilisation sich zu ihrer vollen und endgültigen Gestalt herausgebildet hat. Es ist dies eine Frage nicht so sehr nach dem Ende des Fortschritts, nach einem *Posthistoire*, als vielmehr die nach einer Alternative zur Teleologie allen utopischen Denkens. Bürger führt sie zur erstaunlichen Hypothese der Möglichkeit einer nicht zukunftshörigen Kultur. In Foucaults Auseinandersetzung mit dem antiken Konzept der Selbstsorge öffnet sich für ihn der Raum eines zwar ahistorischen Denkens, das aber gleichwohl nicht notwendigerweise Barbarei wäre, sondern vielmehr und vor allem die ersehnte *Überwindung der Schwere eines historischen und d. h. immer auch schuldbeladenen Selbstverständnisses.*

In *Das Denken des Herrn,* seiner Essaysammlung von 1992, die den Spuren Hegelschen Denkens in Frankreich nachspürt, erzählt auch Peter Bürger ganz am Ende eines jener Märchen, in denen das Denken sich selbst besieht. Er erzählt es nach und erzählt es neu. Es ist die bekannte Geschichte vom Herrn und vom Knecht aus der *Phänomenologie des Geistes,* Ursprungserzählung der bürgerlichen Gesellschaft und Erzählung eines Kampfes um Anerkennung, in deren Verlauf der Knecht sich vom Herrn emanzipiert. Woraufhin, wie Bürger feststellt, der Herr aus der Geschichte verschwindet. Ein gern übersehenes Faktum, über das er nachzudenken beginnt. *Wie immer man dieses Verschwinden deuten mag – als dialektisch folgerichtige Aufhebung der Herrschaft in der Geschichte der bürgerlichen Emanzipation oder als Vergessen von Herrschaft – es bleibt*, schreibt er zögernd: *merkwürdig.*

Und es bleibt der Verschwundene anwesend: als Schatten. Schatten eines nicht dem Fortschritt mit seinen Aporien verpflichteten Seins. Es schaudert einem vor der Kälte von Peter Bürgers Blick auf das, was einmal sein Leben und seine Hoffnung, seine und Christa Bürgers Arbeit und die Entsagung seiner Generation gewesen ist. Wo immer, fährt er fort, *das Emanzipationsprojekt des Knechts an Grenzen stößt oder zu scheitern droht, wird der Schatten sichtbar. Wo immer Geschichte blockiert scheint, richtet der Blick sich auf die Gestalt des Herrn, der, dem Tod ins Auge schauend, abseits steht vom geschichtlichen Treiben. Gerade weil er keine Zukunft verspricht, liest man in seinen Zügen das Geschick der Gegenwart.*

Es ist dies das Geschick *unserer* Gegenwart, korrigiere ich. Unsere Gegenwart beschreibt er in dieser Konstellation als eine der anwesenden Abwesenheit, der Präsenz und des Schweigens der Macht, der Zeitlosigkeit und des Strudelns der Mythen, *jetzt, wo die modernistische Parenthese dabei ist, sich zu schließen*, wie Bruno Latour das formuliert. Was bedeutet das für die Literatur? Es beschreibt die nächtliche, grausam gewittrige Szenerie dieses Märchens unsere Welt als einer ungeahnten Gegenwart des Realen verfallen. Eine Literatur, die dieser Gegenwart gerecht werden will, in der die *modernistische Parenthese* sich geschlossen haben wird, kann nur eine sein, die mit dem Realen auf andere Weise umzugehen versteht.

Einen Moment lang bleibe ich stehen, dann gehe ich weiter. Die Gedanken an jene nächtliche Szene lassen mich nicht los, während ich selbst, die Hände in den Taschen, über weichgeschliffenes Pflaster gehe und zwischen hohen Mietshäusern hindurchschlendere, die in höhlenartigen Untergeschossen wurzeln, flechtenbewachsen und säulenversehen, aus denen mich die Scheinwerferaugen verendeter Motorinos anglotzen. Schmale Durchgänge, erhellt von den kreisrunden Neonheiligenscheinen buntbemalter Märtyrer in ihren glasversiegelten Nischen, die Balkone darüber voll üppiger Pflanzen, kleiner Feigenbäume und Palmquasten. Der Putz fällt in schwarzen Placken von den barocken Fassaden, über die wie Adern Kabelstränge laufen. Nachts kommen die Möwen schreiend in Schwärmen vom Meer und fliegen über die Häuser hinweg landeinwärts, sehr weißbäuchig unter dem Himmel, im dem das gelbe Licht der Straßenlaternen versuppt. Und weiß sind die Tintenfische auf dem Markt, und weiß ist die bleiche *Granita di Limone* im durchsichtigen Plastikbecher und fettweiß das Schweineohr, das der Metzger mit einer Einwegklinge rasiert und das mich an das römische Mosaik des Tierbeschwörers Orpheus in Rottweil erinnert.

Die Signora, die mir mein Zimmer unterm Dach ihres Palazzos hier in Palermo vermietet, hat in Paris studiert. Jeden Morgen, wenn sie mir den Kaffee im fast völlig leergeräumten Saal im *Piano Nobile* serviert, dazu einen kleinen Teller mit Taralli, auf denen dick der Zuckerguß klebt, schwärmt sie davon, wie gut Foucault angezogen gewesen sei, ganz anders als Deleuze und die andern, immer weißes Hemd und Krawatte, ihr Mund geht auf und wieder zu, und meine Gedanken schweifen ab.

Ohne utopische Perspektive gibt es keine Geschichte, nur die unendliche Addition von Geschichten, jede davon für immer Gegenwart und durch nichts miteinander verbunden als jene Angst, die, wie es Spengler in seinem *Untergang des Abendlandes* so ergreifend beschreibt, alles durchwirkt. Ich muß an einen Nachmittag am Meer denken, an den Strand unterhalb der

Promenade in Cefalù, und wie die Spuren im Sand, in den wieder und wieder wiederkehrenden Wellen des Meeres, schließlich verschwanden. Nach dem Ende ihres Exils im Reich der Theorie kehrt die Literatur in eine Welt zurück, in der es den Menschen nicht gibt. Und das Erzählen in dieser Welt, in der wir vielleicht schon immer gelebt haben, dreht sich darum, all das gegenüber dem Menschen in sein Recht zu setzen, was ohne uns da ist. Das ist der inhärente Anspruch dessen, was man Realismus nennt, und was nichts anderes meint als die Literatur selbst.

Mein Blick wandert durch den Saal, leer bis auf das kleine Blechtischchen mit den beiden Plastikstühlen, an dem ich sitze. Blinde Spiegel, marodes Intarsienparkett, die weißen Vorhänge vor den hohen, bodentiefen Fenstern werden sanft vom Wind bewegt, den der Ventilator macht, der anstelle eines Lüsters in der Mitte des Saals hängt. *Metaphisik der Sitten hab ich gelesen samt den Kategorischen imperatif, hilft mir nichts!* hallt es in mir nach. Ich mustere die tiefen Risse im hochgewölbten Deckenstuck, der einen weiten Himmel vortäuscht mit hingetupften weißen Wölkchen vor tiefem Azur. Winzige Vögel mit langen Schwanzfedern und feinen Hauben schwirren darin umher. Ein ums andere Mal leuchten die tanzenden Vorhänge auf in den schmalen

Lichtbahnen des Mittags, die durch die geschlossenen Läden hereindringen.

Kant als Liebesratgeber: eine Klagenfurter Episode. Herausgegeben von Wilhelm Berger und Thomas Macho. Wien 1989. | Christa Bürger: *Diese Hoffnung, eines Tages nicht mehr allein zu denken. Lebensentwürfe von Frauen aus vier Jahrhunderten.* Stuttgart und Weimar 1996. | Immanuel Kant: *Grundlegung zur Metaphysik der Sitten.* Hamburg 1965. | Peter Bürger: *»Nach vorwärts erinnern.« Relektüren zwischen Hegel und Nietzsche.* Göttingen 2016. | Philipp Felsch: *Der lange Sommer der Theorie. Geschichte einer Revolte 1960–1990.* Berlin 2015. | Christa Bürger: *Mein Weg durch die Literaturwissenschaft 1968–1998.* Frankfurt am Main 2003. | Theodor W. Adorno: *Minima Moralia. Reflexionen aus dem beschädigten Leben.* Frankfurt am Main 1969. | Peter Bürger: *Das Denken des Herrn.* Frankfurt am Main 1992. | Bruno Latour: *Existenzweisen. Eine Anthropologie der Modernen.* Aus dem Französischen von Gustav Roßler. Berlin 2014. | Oswald Spengler: *Der Untergang des Abendlandes. Umrisse einer Morphologie der Weltgeschichte.* München 1922.

WIR BARBAREN

Wir erleben den Triumph eines scheinbar universell gültigen Erzählens, das auf Verabredungen mit dem Leser gründet, die vor dem Beginn jeder Lektüre getroffen werden. Dieses Erzählen besteht aus Konvention, in ihm erfährt der Leser nichts, was er nicht vorher schon wüßte, die Welt darin ist immer schon eingerichtet. Alle Dinge haben Namen. Zweifel an einer solchen Literatur führen zu einer Frage, die Schiller 1795 in seinen Briefen *Über die ästhetische Erziehung des Menschen* stellte. *Das Zeitalter ist aufgeklärt,* heißt es dort, *das heißt die Kenntnisse sind gefunden und öffentlich preisgegeben, welche hinreichen würden, wenigstens unsre praktischen Grundsätze zu berichtigen. Der Geist der freien Untersuchung hat die Wahnbegriffe zerstreut, welche lange Zeit den Zugang zu der Wahrheit verwehrten, und den Grund unterwühlt, auf welchem Fanatismus und Betrug ihren Thron erbauten. Die Vernunft hat sich von den Täuschungen der Sinne und von einer betrügerischen Sophi-*

stik gereinigt. So resümiert Schiller durchaus stolz die Leistungen seiner Epoche, um dann aber zu fragen: *woran liegt es, daß wir noch immer Barbaren sind?*

Vielleicht ist Realismus nur ein anderes Wort für die Antwort der Literatur auf diese Frage. Ein Jahr nach dem letzten Brief der unglücklichen Maria von Herbert an Immanuel Kant und ein Jahr nach dem Ende der *Terreur* in Frankreich bekennt Friedrich Schiller mit dieser Frage das Scheitern der Aufklärung ein. Und es beerbt der Roman das Theater und Lessings *Schule der Menschlichkeit,* denn nur der Roman ist in der Lage, aus der Perspektive dessen zu erzählen, der sich schockhaft unter der Guillotine wiederfindet. Dabei ist die Antwort, die er seitdem zu geben versucht, immer eine doppelte. Neben Beschreibungsgenauigkeit und Schilderungssucht, die den Ursachen der Barbarei auf die Spur zu kommen suchen, steht sein Anspruch auf Bildung, ja Heilung des Lesers. *Was,* fragt Schiller eindringlich den Herzog von Augustenburg, *war der Mensch, ehe die seelenbildende Kunst ihre Hand an ihn legte? Der trotzigste Egoist unter allen Thiergattungen, und bey aller Anlage zur Freiheit der abhängigste Sinnensklave.*

Unsozialer als jedes Tier und gefangen im Jetzt. Schillers Bestimmung spricht von Grenzenlosigkeit und Begrenztheit zugleich. Und tatsächlich zeichnet unsere Vorstellung vom Barbaren weniger eine bestimmbare Andersartigkeit als eine unbestimmte Angst aus, weshalb sie sich auch mit der diffusen Vorstellung einer Grenzziehung verknüpft. Keiner Grenze im Sinne der Trennung oder Berührung zweier Territorien oder Sprachen oder Körper, sondern der Grenze zwischen Sprache und Nicht-Sprache, jener Grenze, die zugleich keine Grenze ist, weil sie etwas voneinander zu trennen unternimmt, das kategorial so verschieden ist, daß es gar nicht aneinander grenzen kann. So speist die Figur des Barbaren sich aus der tiefempfundenen Differenz, die uns von allem trennt, was außerhalb unserer selbst ist. *Wir sind, weil wir sind,* schreibt Schiller, aber *wir empfinden, denken und wollen, weil außer uns noch etwas anderes ist.*

Was aber ist dieses andere, was *außer uns* ist und jenseits der Konvention, in der die Welt immer schon eingerichtet und scheinbar alles zur Hand ist? Es ist das, was *außer uns* ist, wenn wir selbst außer uns sind. Die Philosophie hat von jeher verschiedene Namen dafür, Unvordenkliches heißt es bei Schelling, Nichtidentisches bei Adorno, das Reale bei Lacan. Quentin Meillassoux und andere haben in den letzten Jahren verstärkt über die Vorstellung von Realität nachgedacht, die sich dahinter verbirgt. *Die Welt ist weder ausschließlich die Welt ohne Zuschauer noch ausschließlich die Welt der Zuschauer. Dies ist der neue Realismus,* heißt es bei Markus Gabriel. Ein Realismus wird hier beschworen, der darum weiß, daß *alle Selbstreferenzen und Sprachspiele,* wie Joseph Vogl es formuliert, *durch die Vertikalachse des Real-Absoluten oder Absolut-Realen befestigt oder eben gedeckt* sein müssen, sollen unsere Vorstellungen von Welt sich nicht im Konstruktivismus verlieren.

Realität als etwas, das sich entzieht, ist der Literatur vertraut. Auf welche Weise sie sich darauf einläßt, zeigt etwa Erich Auerbach, wenn er in *Mimesis,* das ja den Untertitel *Dargestellte Wirklichkeit in der abendländischen Literatur* trägt, eindrücklich schildert, wie Homer sich in der Beschreibung von Odysseus' Rückkehr nach Ithaka als verkleideter Bettler scheinbar ganz in dem nebensächlichen Zeichen verliert, an dem eine alte Magd ihn erkennt. Homer beschreibt nicht einfach die Narbe, die der Held am Oberschenkel trägt, sondern in aller Ausführlichkeit, wie einst bei der Jagd ein furchtbarer Eber ihm die Wunde beibrachte.

Wie seltsam, dachte ich, als ich ihn beim Lesen aufstöberte, daß es wieder ein Eber ist, der hier die Ordnung der Erzählung zerreißt und mit aller Macht auf etwas verweist, das einen Platz in der Welt beansprucht, ohne dazuzugehören. Löst man sich einmal davon, Realität immer nur in Relation zum Betrachter zu denken, also als sinnvoll, erscheint Kontingenz. Etwas, das für nichts repräsentativ ist und nicht bedeutend im Wortsinn, nicht notwendig und gerade darin von uneinholbarer Notwendigkeit. In diesem Fall sind das, wie Auerbach herausarbeitet, die Erinnerungen der Magd des Odysseus. Als das Unnötige, das die Handlung aufhält und sich aller Bestimmtheit entzieht, zielen sie gerade ins Innerste der Geschichte.

Auch in Marc Aurels *Selbstbetrachtungen* gibt es einen Eber. An einer Stelle beschreibt der Philosophenkaiser, *daß auch Erscheinungen, die sich zufällig in den Naturerzeugnissen vorfinden, etwas Reizendes und Anziehendes besitzen. So hat z. B. manchmal das gebackene Brot Risse und Spalten, die zwar der Absicht des Bäckers nicht entspringen, aber doch eine gewisse Annehmlichkeit erregen. So brechen auch die Feigen, wenn sie überreif sind, auf; und den überzeitigen Oliven verleiht gerade die Annäherung der Fäulnis der Frucht etwas besonders Liebliches. Die niederhängenden Ähren, die faltige Stirnhaut des Löwen, der aus des Ebers Rachen triefende Schaum und vieles andere dergestalt ist, an und für sich betrachtet, fern von aller Wohlgestalt, und doch trägt es, weil es zur*

Natur eines Dinges gehört, mit zu seinem Schmuck bei und macht uns Vergnügen.

Auch dieses Tier gleicht demjenigen aus Ernst Jüngers Erzählung, das in seiner unerreichbaren, in nichts brauchbaren, ganz und gar menschenabgewandten Großartigkeit für den jungen Jäger zu einer Gestalt der Sehnsucht wird. Es ist der Eber geradezu die Verkörperung der ganz besonderen Schwierigkeit, die das Unnötige, das Überflüssige, auch das Unverständliche für die Literatur bedeutet, die doch immer in Form gebrachtes Ereignis ist. Die Romantik, die als literarische Kehrseite der Revolution von 1789 die Entbindung des Barbaren in uns begleitet hat, hat von dieser Schwierigkeit der Form immer erzählt, indem sie die Kontingenz als das Unheimliche, Monströse, Katastrophische mit Mythos und Märchen einzuhegen unternommen hat. Doch erst, wenn man sie nicht als Störung und Angriff, sondern als das eigentliche Charakteristikum von Realität begreift, wird die Kontingenz zum zentralen Darstellungsproblem. Nur das, was schon erkannt ist, läßt sich umstandslos abbilden.

Der Realismus will nicht die bloße Sinnenwelt, stellt Fontane fest, *er will (...) das Wahre.* Fontanes Romane zeigen beispielhaft, wie *das Wahre* aus einer Prosa erwächst, deren Realismus alles andere als selbstverständlich ist, sondern unter großer Mühe erzeugt wird aus unendlich vielen Gegenständen und Details, redundanten Begrifflichkeiten, unnötigen Gesten und Handlungen, die alle keine handlungstragende Rolle spielen und nicht einmal der besseren Orientierung des Lesers dienen. Fontane öffnet in seinem Erzählen geradezu *die Dämme für eine Flut des Ephemeren*, um diese *Formen semiotischer Wucherung oder Transgression* dann wieder einzufangen, in eine Balance zu bekommen und so *das Kippen des Narrativs* ins Chaos der Details, wie Heinz Drügh es beschreibt, zu verhindern. Nicht der legitimierende Bezug auf eine Realität, die schon bekannt wäre, nicht die Konvention und eine Vereinbarung mit dem Leser stehen am Beginn der realistischen Bemühung um *das Wahre*, sondern eine Fiktion, in der die Fülle in ihrer Kontingenz gewahrt und doch zugleich gebändigt wird. Nicht das Beschreibungsfest der Sinne, sondern eine Diätetik des Sinns.

Der besondere Umgang des realistischen Erzählens des neunzehnten Jahrhunderts mit der Kontingenz besteht darin, vorgegebene Typen des Sehens, Denkens und Sichverhaltens zu nutzen, diese Codes jedoch, wie Moritz Baßler es nennt, im Fortgang der Handlung immer wieder zu entwerten und durch neue Codes zu ersetzen. Der Roman versieht seine Details so lange mit Bedeutung, bis alles Leben aus der Erzählung gewichen ist, um diese dann zur Reanimation wieder mit Kontingenz zu fluten, bis sie unter dem Ansturm der Details zu explodieren droht.

Davon, daß diese Bewegung nicht nur ein literarisches Verfahren, sondern die Bewegung unseres Lebens ist, erzählt Wilhelm Raabe auf ergreifende Weise in seinem letzten Roman *Altershausen.* Der Wirkliche Geheime Obermedizinalrat Professor Dr. med. Friedrich Feyerabend kommt darin ein letztes Mal in die vor Jahrzehnten verlassene Heimatstadt zurück, und es gleicht der *ortseingeborene Inkognitogast,* wie Raabe ihn nennt, nicht nur auffallend Odysseus bei seiner Rückkehr nach Ithaka, es ist der Weg vom Bahnhof zum Hotel auch ganz der des Albert van der Qualen aus Thomas Manns Kurzgeschichte *Der Kleiderschrank.* Wie dieser tritt auch er aus der Wirklichkeit über in eine Zwischenwelt, in der alles changiert zwischen Erinnern und Verkennen. *Ich gehe mitten unter ihnen,* denkt Thomas Manns Held über seine Mitmenschen – *Ich noch dabei,* geht es Dr. Feyerabend durch den Kopf.

Noch bevor er sein Hotel erreicht, trifft Feyerabend auf jenen Kinderfreund, der, aus ganz unklaren Gründen, den Anlaß zu seiner letzten Reise abgibt: Ludchen Bock. Deutlich klingt in dem Namen das lateinische *ludus* an, womit Raabe einen zentralen Topos aus den Briefen *Über die ästhetische Erziehung des Menschen* aufruft. *Denn, um es endlich auf einmal herauszusagen,* schreibt Schiller, *der Mensch spielt nur, wo er in voller Bedeutung des Worts Mensch ist, und er ist nur da ganz Mensch, wo er spielt.* Mutet das zunächst bitter an, weil Ludchen Bock, was Feyerabend all die Jahre nicht gewußt hat, schon seit Kindertagen geistig behindert ist, so schildert Raabe, bevor der Roman unvermittelt abbricht, eine Begegnung seines Helden mit dem kindgebliebenen Freund, in der sich das Versprechen des Namens auf unerwartete Weise erfüllt.

Er war Kind mit dem Kinde, Idiot mit dem Idioten: Schulen, Universitäten, Lehrsäle, in denen man selber vom Katheder sprach, Land und See, alle Weisheiten, Herrlichkeiten und Königreiche dieser Erde, die großen Herren und die großen Menschen darin, alle trônes, principautés, archanges, séraphins et chérubins Schöpfers Himmels und der Erden, wie das alles im Selbstbewußtsein eines Gebildeten längeren irdischen Daseins Inhalt ausmacht und Formen bedingt – weggewischt! Nichts übrig als zwei Jungen auf dem Wege nach Hause – beide mit dem Gefühl, sich verspätet zu haben!

Was wird hier gespielt? Der Buchstabe, schreibt Lacan, tötet, er tötet das Reale, das vor den Wörtern da war, vor der Sprache. Der mimetische Prozeß der Erzählung ist keiner der Verdopplung, sondern der Vernichtung, der Schuld. Und Zeit ist das Medium, in dem dieser Prozeß sich notwendig ereignet. Wovon Raabe erzählt, ist der Schmerz und die Sehnsucht, die mit diesem Prozeß sich verbinden, den wir uns selber machen und den einzig das Spiel, indem es ihn wiederholt, für Momente der Tröstung suspendiert.

Ohne die Zeit, das heißt, ohne zu werden, würde er nie ein bestimmtes Wesen sein, schreibt Schiller vom Menschen. Lektüre ist literarische Erkenntnis, weil sie Wahrnehmung in der Zeit ist: *Nur durch die Folge seiner Vorstellungen wird das beharrliche Ich sich selbst zur Erscheinung.* Man könnte das beschriebene literarische Verfahren, in dem ein Sinn immer neu erzeugt und wieder aufgegeben wird, als Scheitern des realistischen Romans vor seinem eigenen Anspruch verstehen, die Welt zu ordnen, müßte sich dann aber fragen, weshalb so viele Romane es immer und immer wieder durchspielen. Oder man versteht, was es heißt, daß Literatur Zeitkunst ist. Lesen bedeutet, etwas zu begreifen und dabei stets mitzubegreifen, daß dieses Verstehen die Zeit nicht anhält, sondern die Geschichte, gerade begriffen, einem schon wieder entgleitet. Daß man als Leser in einem permanenten Prozeß von Verzauberung und Enttäuschung die Erzählung selbst erst schafft. Reflexion und Erzählung sind einer solchen Literatur eins und in ihr so wenig zu unterscheiden wie Wirklichkeit und Spiel.

Es finden sich diese beiden Pole der erzählerischen Bewegung auch bei Schiller als *Fundamentalgesetze der sinnlich-vernünftigen Natur*, die zwei Forderungen an den Menschen stellen. *Das erste dringt auf absolute REALITÄT: er soll alles zur Welt machen, was bloß Form ist, und alle seine Anlagen zur Erscheinung bringen: das zweite dringt auf absolute FORMALITÄT: er soll alles in sich vertilgen, was bloß Welt ist.* Realismus ist das Eingedenken in diese Kippfigur des Menschlichen. Seine utopische Hoffnung ist es, den ewig scheiternden Prozeß der Anpassung der Fiktion an die unheimliche, monströse, obszöne, kontingente, katastrophische Realität für den Moment eines semiotischen *kairos* zur Deckung und zum Stillstand zu bringen. Und so, und nur so, das, was Fontane *das Wahre* nannte, aufzuschließen. Es wäre das Ende unserer Barbarei.

Friedrich Schiller: *Über die ästhetische Erziehung des Menschen. / Briefe an den Herzog v. Augustenburg.* In: *Werke und Briefe in zwölf Bänden, Band 8.* Frankfurt am Main 1992. | Gottfried Ephraim Lessing: *Hamburgische Dramaturgie.* In: *Werke 1767–1769.* Frankfurt am Main 1985. | Friedrich Wilhelm Joseph Schelling: *System des transzendentalen Idealismus.* Hamburg 2000. | Theodor W. Adorno: *Negative Dialektik.*

Frankfurt am Main 1966. | Jacques Lacan: *Die vier Grundbegriffe der Psychoanalyse. Das Seminar, Buch XI.* Weinheim und Berlin 1987. | Quentin Meillassoux: *Nach der Endlichkeit. Versuch über die Notwendigkeit der Kontingenz.* Aus dem Französischen von Roland Frommel. Zürich und Berlin 2008. | Markus Gabriel: *Warum es die Welt nicht gibt.* Berlin 2013. | Joseph Vogl: *Das Reale und das Allzumenschliche.* Vortrag 13. 6. 2014. Institut Français Berlin. | Erich Auerbach: *Mimesis. Die dargestellte Wirklichkeit in der abendländischen Literatur.* Bern 1946. | Marc Aurel: *Selbstbetrachtungen.* Aus dem Griechischen von Otto Kiefer. Mit einem Vorwort von Klaus Sallmann. Frankfurt am Main 1992. | Theodor Fontane: *Realismus.* In: *Theorie des bürgerlichen Realismus. Herausgegeben von Gerhard Plumpe.* Stuttgart 1985. | Heinz Drügh: *Tiefenrealismus. Zu Theodor Fontanes »Frau Jenny Treibel«.* In: *Entsagung und Routines: Aporien des Spätrealismus und Verfahren der frühen Moderne.* Herausgegeben von Moritz Baßler. Berlin 2013. | Moritz Baßler: *Gegen die Wand. Die Aporie des Poetischen Realismus und das Problem der Repräsentation von Wissen.* In: *Magie der Geschichten. Weltverkehr. Literatur und Anthropologie in der zweiten Hälfte des 19. Jahrhunderts.* Herausgegeben von Michael Neumann und Kerstin Stüssel. Konstanz 2011. | Wilhelm Raabe: *Altershausen.* Berlin 1911.| Thomas Mann: *Der Kleiderschrank.* In: *Große kommentierte Frankfurter Ausgabe, Band 2.2. Frühe Erzählungen 1893–1912.* Frankfurt am Main 2004.

DIE LIEBE

Es klingelt das Glöckchen am Fuß meiner Liebsten, sie geht aus dem Zimmer, vom Bett aus seh' ich ihr nach. Ich sehe die Linie ihres Rückens, sehe das Haar über ihrer Schulter, die Arme, sehe in ihre Handflächen hinein, wie ihre Hinterbacken im Gehen sich wölben, sehe die Grübchen darüber, ihre Schenkel, und habe den Blick zwischen ihnen hindurch. Wir sind nicht mehr jung. *Die Sprache ist eine Haut: ich reibe meine Sprache an einer andern,* schreibt Roland Barthes in seinen *Fragmenten einer Sprache der Liebe.* Daß der Diskurs über die Haut ihre Erregung ersetze, war einmal eine Verheißung. Doch in dem Moment, in dem wir uns als reale Menschen schmerzhaft in den Datennetzen verfangen, verlieren die Versprechungen der Freiheit im Virtuellen alle Glaubwürdigkeit, und die Realität wird wieder zum wichtigsten Ort auf dieser Welt. Bereits in den Vorlesungen, die Barthes Ende der siebziger Jahre am Collège de France hielt und die 2008 als *Die Vor-*

bereitung des Romans erstmals auf deutsch erschienen sind, dachte er selbst über ein Schreiben nach der Postmoderne nach. Dreierlei zeichnete für ihn den Roman aus, den schreiben zu können er sich wünschte: *Einfachheit*, *Herkunft* und *Begehren*.

Ein begehrenswerter Text: Man spürt, wie sehr die *Fragmente einer Sprache der Liebe* dies um jeden Preis sein wollen, und das macht sie noch immer faszinierend in ihrer Genauigkeit. Und es macht sie zu Mandarin-Prosa. Es kommt der Tod darin nicht vor. Kein Wunder, ist seine *écriture* doch unlesbar, seine *parole* immer unverständlich. An einer einzigen Stelle nur erscheint er: *Es gibt Liebende, die sich nicht umbringen*. Daß alle Liebenden sterblich sind, ist der blinde Fleck dieses Glasperlenspiels. Es kennt keine Sterblichkeit und also auch keine Sehnsucht nach Unsterblichkeit. An ihre Stelle tritt diejenige nach einem Zustand, in dem alle Ansprüche, in denen das Ich seinen Platz hat, suspendiert wären.

In dem wogenden Schwall, in dem tönenden Schall,
in des Welt-Atems wehendem All –,
ertrinken, versinken – unbewußt –, höchste Lust!

zitiert Barthes Isoldes Liebestod. Der Tristanakkord dieses Textes ist Freuds Ozeanisches Gefühl. Mandarin-Sehnsucht.

An dem festzuhalten, was den Glasperlen des poststrukturalistischen Spiels bis heute ihre *gravitas* verleiht, nämlich der Gewißheit, daß uns das Reale nie zur Hand ist, bedeutet daher paradoxerweise, eben jenes Unerreichbare zu lieben in seiner Unerreichbarkeit. *Die Realität ›lieben‹? Welcher Ekel für die Liebenden!* heißt es bei Roland Barthes. Und doch geht es nicht anders. Denn der Tod geht unter die Haut, die ich küsse. Der Tod wartet in dem Geschlecht, das ich liebe. Er schwimmt in den Augäpfeln, deren Blick mich in der Welt hält. Meine Liebe entgeht ihm nicht. Das Glöckchen am Fuß meiner Liebsten ruft mich.

Roland Barthes: *Fragmente einer Sprache der Liebe.* Aus dem Französischen von Hans-Horst Henschen. Frankfurt am Main 1984. | Roland Barthes: *Die Vorbereitung des Romans. Vorlesung am Collège de France 1978–1979 und 1979–1980.* Aus dem Französischen von Horst Brühmann. Herausgegeben von Éric Marty. Frankfurt am Main 2008. | Richard Wagner: *Tristan und Isolde.* Leipzig 1914.

INHALT

Thomas Hettches Essays sind ebenso genaue Diagnosen unserer krisengeschüttelten, entzauberten Moderne wie mutige Bestandsaufnahmen seines eigenen Bewusstseins und Denkens. Eine Frage bestimmt das Schreiben dieses Autors: Welche Tröstung kann Literatur für unsere leeren Herzen heute noch bieten? »Unsere leeren Herzen« setzt nach »Fahrtenbuch« und »Totenberg« Thomas Hettches essayistisch-erzählerischen Erkundungen fort, mit denen er, neben dem hochgerühmten Romanwerk, seine intellektuelle Autobiografie fortschreibt.

Ohne kulturpessimistische Larmoyanz, aber im Wissen, dass sich Sinnfragen in unseren fundamental bedrohten westlichen Gesellschaften immer dringlicher stellen, befragt Thomas Hettche in seinen Essays leidenschaftlich die Literatur nach ihrem Sinn und ihrer Zukunft. Gegen den naiven Glauben einer Abbildbarkeit der Welt, der unsere Gegenwart beherrscht und das Glücks- wie das Erkenntnisversprechen der Literatur verrät, spürt Hettche den Quellen eines anderen Realismus, ja einer anderen Moderne nach.

Thomas Hettche gehört seit seinem Debut »Ludwig muß sterben« (1989) zu den herausragenden literarischen Stimmen dieses Landes. »Der Fall Arbogast« wurde in 13 Sprachen übersetzt, sein Bestseller »Pfaueninsel«, der die Geschichte einer Kleinwüchsigen im Preußen des 19. Jahrhunderts erzählt, wurde u. a. mit dem Wilhelm-Raabe-, dem Wolfgang-Koeppen-Preis, dem Solothurner Literaturpreis und dem Bayerischen Buchpreis ausgezeichnet.

MIX
Papier aus verantwortungsvollen Quellen
FSC® C083411
Verlag Kiepenheuer & Witsch, FSC®-N001512

1. Auflage 2017

Lektorat: Christian Döring und Helge Malchow
Umschlaggestaltung und Typografie: Pauline Altmann
Gesetzt aus der Erato
Satz: Felder KölnBerlin
Druck und Bindung: CPI books GmbH, Leck
ISBN 978-3-462-05068-4